Le second souffle

suivi du Diable Gardien

Philippe Pozzo di Borgo

Le second souffle

suivi du Diable gardien

Présenté et annoté par
Dominique Bon

Ernst Klett Sprachen
Stuttgart

1. Auflage   7 | 2025

Originalausgabe: Le second souffle – Philippe Pozzo di Borgo © Bayard Éditions, 2011.
Für diese Ausgabe: © Ernst Klett Sprachen GmbH, Stuttgart 2013.
Alle Rechte vorbehalten. Die Nutzung der Inhalte für Text- und Data-Mining ist ausdrücklich vorbehalten und daher untersagt.
www.klett-sprachen.de

Redaktion: Elena Bergmann
Layoutkonzeption: Elmar Feuerbach
Gestaltung und Satz: bostext, 71229 Leonberg
Umschlaggestaltung: Sandra Vrabec
Titelbild: Getty Images (Abdelhak Senna/AFP), München
Druck und Bindung: Digitaldruck Tebben GmbH, Biessenhofen

Printed in Germany
ISBN 978-3-12-598437-0

Table des matières

À mes enfants,
« pour que l'œuvre continue ».

Préface à la nouvelle édition

Olivier Nakache et Éric Toledano, les réalisateurs du film *Intouchables**, me contactent un jour de janvier 2010. Ils avaient vu, il y a quelques années déjà, un documentaire d'une heure, réalisé par Jean-Pierre Devillers pour Mireille Dumas. *À la vie, à*
5 *la mort*** racontait la rencontre improbable du riche privilégié tétraplégique que je suis, et du jeune beur de banlieue, Abdel. Contre toute attente, ces deux vont s'entraider des années durant. Cette histoire intéresse nos deux cinéastes.

Mon épouse Khadija et moi-même les accueillons dans notre
10 résidence d'Essaouira, avec les acteurs pressentis : Omar Sy et François Cluzet.

Nous nous sommes vus de nombreuses fois et j'ai suivi avec plaisir l'élaboration de leur scénario.

Mon premier livre, *Le second souffle****, aujourd'hui épuisé,
15 avait connu un certain succès d'estime. Frédéric Boyer, le directeur éditorial des Éditions Bayard, me propose de le rééditer à l'occasion de la sortie du film *Intouchables*, réactualisé par une nouvelle préface, et de le compléter par un texte inédit. *Le diable gardien* prolonge donc l'histoire du *Second souffle*
20 (qui se termine en 1998) jusqu'à ma rencontre avec Khadija au Maroc en 2004 ; cette période correspond au scénario du film *Intouchables*. Les contraintes du long métrage et leur imagination les amenèrent à simplifier, modifier, élaguer ou inventer de nombreuses situations.

---

* *Intouchables*, film réalisé par Éric Toledano et Olivier Nakache, avec François Cluzet et Omar Sy (2011), s'inspire de l'histoire d'Abdel et de moi-même.
** *À la vie à la mort* (2002).
*** Le second souffle, Bayard Éditions, 2001.

5 **improbable** incertain, hyptothétique − 6 **tétraplégique** an Armen und Beinen Gelähmter − 6 **un beur** *verlan* arabe − 9 **une épouse** femme mariée − 10 **pressentir qc** prévoir qc − 14 **épuisé** *ici :* vergriffen − 18 **inédit** pas encore publié − 22 **une contrainte** Zwang − 23 **élaguer** résumer, raccourcir

« Intouchables », nous le sommes tous deux à plusieurs titres. Abdel, de souche maghrébine, s'est senti marginalisé en France – telle la classe des intouchables en Inde ; on ne peut pas le « toucher » sous peine de prendre un coup et il court tellement 5 vite que les flics – pour reprendre son expression – n'ont réussi qu'une seule fois à le coincer dans sa longue carrière de mauvais garçon.

Pour ma part, derrière les hauts murs qui cernent l'hôtel particulier à Paris – ma prison dorée comme dit Abdel –, à l'abri 10 du besoin par ma fortune, je fais partie des « extra terrestres » ; rien ne peut m'atteindre. Ma paralysie totale et l'absence de sensibilité m'empêchent de toucher quoi que ce soit ; les gens hésitent à m'effleurer tant ma condition les effraie et on ne peut me toucher l'épaule sans déclencher d'épouvantables 15 douleurs.
« Intouchables », donc.

Me voilà confronté à un défi insensé : revenir sur ce passé.

Une évidence s'impose : je ne m'en souviens pas ! J'ai tout d'abord imputé cela à l'absence d'Abdel, mon aide de vie. À la 20 réflexion, c'est plus grave. Hormis quelques épisodes mal situés dans le temps, ma mémoire se refuse à l'exercice. Le souvenir est le luxe des nantis bien portants. Pour un miséreux ou un souffrant, la mémoire s'arrête au présent, dans la difficulté

---

2 **marginalisé** être différent, non conforme – 4 **sous peine de faire qc** ohne Gefahr zu laufen, dass – 6 **coincer qn** *fam* jdn schnappen – 8 **cerner qn/qc** jdn/etw umgeben – 11 **atteindre qn/qc** *ici :* toucher, blesser – 11 **une absence** ≠ une présence, existence – 13 **effleurer qn/qc** toucher doucement qc/qn – 13 **effrayer qn** faire peur à qn – 14 **déclencher qc** provoquer qc – 17 **un défi** Herausforderung 19 **imputer qc à qn** rendre qn responsable de qc – 20 **hormis** à l'exception de – 21 **se refuser à qc** dire non à qc – 22 **un nanti** un riche – 22 **bien portant** qui est en bonne santé, valide – 22 **un miséreux** un pauvre – 23 **un souffrant** une personne qui a mal

d'assurer sa pitance ou sa survie. La madeleine de Proust ne peut être qu'une fixation de dandy de la bonne société.

De 1998 à 2001, lors de la rédaction du *Second souffle*, tenaillé par le chagrin de la mort récente de Béatrice et les douleurs
5 neurologiques*, j'exprime déjà la difficulté de recoller les instants de mon passé. La souffrance tue la mémoire. Les valides vieillissent en accumulant les histoires et les regrets ; je suis lisse de tout souvenir.

Une autobiographie est déjà truffée d'oublis et mensonges,
10 délibérés ou par omission, raconter l'histoire d'un autre – en l'occurrence Abdel – ne peut que donner « une impression de l'autre », un pointillé avec de nombreux blancs.

Comment voulez-vous que l'aristo bien élevé que je suis supposé être, respectueux de certains principes, puisse
15 s'exprimer à la place d'un Abdel, à l'époque révolté et hostile à toute norme ? Je ne peux que relater les événements, essayer de les analyser. Une part de sa vérité m'échappe ; Omar Sy – qui l'interprète à l'écran – s'en approche avec plus d'aisance.

Je voulais écrire un livre qui ne soit pas un simple
20 divertissement.

---

* Douleurs neurologiques : environ un tiers des tétraplégiques souffrent de dérèglements neurologiques qui se traduisent par des brûlures fantômes, plus ou moins fortes selon les individus, leurs conditions et les facteurs climatiques. J'ai tiré le gros lot : depuis près de vingt ans, j'oscille sans interruption sur l'échelle de douleur entre 6 et 9,5/10. À 10, on n'est plus de ce monde !

1 **une pitance** *ici :* une existence – 1 **la madeleine de Proust** *cf* Marcel Proust célèbre écrivain français de la fin du 19ème siècle. L'épisode de la *madeleine* est un petit gâteau qui déclenche une scène de l'enfance très émotionnelle. – 3 **tenaillé** gequält – 5 **recoller qc** etw wieder ankleben – 7 **lisse** *ici :* libre – 9 **truffé de** plein de – 10 **délibéré** volontaire, intentionnel – 10 **une omission** Auslassung – 11 **en l'occurrence** *f* dans ce cas– 13 **un aristo** *fam* aristocrate – 15 **hostile** opposé – 16 **relater qc** raconter qc – 17 **échapper à qn/qc** jdn/etw entkommen – 18 **une aisance** une facilité – 20 **un divertissement** un plaisir

Je ne voulais pas faire du malheur un portrait « réaliste », avec sa dose de ressentiments et bons sentiments qui confinent à la condescendance. Pas non plus d'optimisme de commande, dérisoire mensonge.

5 Ces vingt ans de proximité avec le monde des exclus ont aiguisé mon regard sur la société et ses maux et m'incitent à partager quelques remèdes qui me sont devenus évidents.
Grâce au diable gardien – alias Abdel – je retrouve l'humour qui était le mien avant les drames. Le film *Intouchables* se déroule
10 sur un tempo de légèreté et d'éclats de rire ; une certaine gravité me reste, irréductible. François Cluzet la rendra perceptible par son jeu.

Éric et Olivier, les réalisateurs, Nicolas Duval Adassovsky, leur producteur et Frédéric Boyer, mon éditeur, donnèrent de
15 généreux droits d'auteur à l'association « Simon de Cyrène* » que j'ai longtemps présidée, dont l'objet est de créer des lieux de vie partagés pour adultes handicapés et amis. Qu'ils en soient remerciés.

Je remercie également Émeline Gabaut, Manel Halib et notre
20 fille Sabah qui m'ont permis de « reprendre » la plume et sans qui ce livre n'aurait pas vu le jour. Merci aussi à Soune Wade, Michel Orcel, Michel-Henri Bocara, Yves et Chantal Ballu, Max et Marie-Odile Lechevalier, Thierry Verley, pour leur relecture pertinente.

---

* Envoyez vos dons à Simon de Cyrène :12 rue de Martignac, 750007 Paris. Tél :01 82 83 52 33. www.simondecyrene.org

2 confiner à qc an etw grenzen – **3 une condescendance** Herablassung – **4 dérisoire** qui n'est pas important – **5 aiguiser** qc schärfen – **6 un mal** *pl* des maux – **6 inciter qn à faire qc** motiver qn à faire qc – **7 un remède** *ici :* Abhilfemaßnahme – **11 irréductible** unüberwindbar – **11 perceptible** *ici :* visible – **24 pertinent** objectif, correct

LIVRE I
Le second souffle

Mémoires délivrées

Faut-il partir d'aujourd'hui, triste jour, revenir avec nostalgie sur le passé, se lamenter sur un avenir sans espoir ? Je ne peux ni apprécier le passé, ni me projeter dans l'avenir. Tout est dans
5 l'instant.

La ligne de fracture de mes os, de mes souffles, pourrait être le jour de l'accident. Le 23 juin 1993, j'ai basculé dans la paralysie.

Le 3 mai 1996, jour de la Saint-Philippe, Béatrice est morte.

10 Je n'ai plus de passé, je n'ai pas d'avenir, je suis une douleur présente. Béatrice n'a plus ni passé ni avenir, elle est un chagrin présent. Pourtant, il y a un futur, celui de nos deux enfants, Laetitia et Robert-Jean.

Jusqu'à mon accident, j'étais un homme dans le monde,
15 soucieux d'imprimer ma marque sur le cours des choses, de créer.

Après l'accident, les pensées m'assaillent. Après la mort de Béatrice, les douleurs.

---

1 **délivrer** libérer – 4 **apprécier** → une appréciation – 7 **basculer** tomber – 15 **être soucieux de faire qc** *ici :* darauf bedacht sein etw zu tun – 15 **imprimer une marque** laisser une marque – 17 **assaillir qn/qc** ne pas laisser tranquille

De ces décombres, me sont revenus en mémoire des souvenirs d'une noire opacité. Dans mes nuits de café, les brûlures du handicap et du deuil ont brouillé ces images.

C'est au fond de moi que j'ai retrouvé le reflet des absents.
5 Mes silences ont fait resurgir des moments de bonheurs oubliés. Ma vie se déroule d'elle-même en une succession d'images.

Les premiers mois, une trachéo me rendait muet. Un ami m'avait installé un écran informatique et l'avait relié à une commande placée sous ma tête. L'alphabet défilait sur l'écran ;
10 j'arrêtais le curseur, une lettre s'affichait. Petit à petit, ces lettres formaient un mot, une phrase, une demi-page. Le choix des mots et cet effort exténuant furent délicieux ; je n'avais pas droit à l'erreur. Le poids de chaque lettre ancrait plus profondément la phrase ; je savourais l'exactitude.

15 Les mots m'étranglent quand je pense à ceux qui sont morts sans parler, sans témoigner, sans espérer, dans leur solitude.

Allongé dans mon lit, la nuit, je dors mal. Je suis paralysé. Plus tard, ils m'ont placé un magnétophone sur le ventre. Il s'arrête quand il n'entend plus rien – ou quand il le désire – et ne
20 redémarre qu'après le premier mot. Je ne sais jamais si j'ai été enregistré. Et souvent, je suis en panne.
C'est dur de dire sans page blanche, sans crayon pour raturer, de ne pas être assis à une table, devant une feuille, le front pris dans la main gauche, de ne pas pouvoir se laisser aller sur cette
25 feuille noircie, froissée. Seule une voix presque disparue se fixe

---

1 **les décombres** fpl Trümmer – 2 **une opacité** ≠ une transparence – 3 **un deuil** Trauer – 3 **brouiller** troubler – 4 **un reflet** Spiegelbild – 5 **resurgir** apparaître de nouveau – 7 **une trachéotomie** perforation de la trachée pour brancher une machine à respirer – 7 **muet** qn qui ne parle pas – 9 **défiler** vorbeiziehen – 12 **exténuant** très fatigant – 13 **un poids** Gewicht – 13 **ancrer** fixer avec une ancre – 14 **savourer** genießen – 15 **étrangler** couper la gorge – 18 **un magnétophone** Tonbandgerät – 20 **redémarrer** refonctionner – 22 **raturer qc** corriger qc – 25 **froissé** ≠ lisse (zerknüllt)

sur une bande magnétique, sans retour, sans rature. Instantané d'une mémoire hésitante.

Du haut de mes épaules jusqu'au bout de mes membres brûle un feu continu qui trop souvent s'amplifie. Je peux dire s'il fera 5 beau demain ou si au contraire, comme le laisse pressentir la brûlure de mon corps, nous aurons de la pluie. Je sens intensément une morsure sur les mains, les fesses, le long des cuisses, autour des genoux, dans le bas des mollets.

On me déchire, dans l'espoir de me soulager. Mais la 10 douleur subsiste. Ils l'appellent « douleur fantôme ». Fantôme de mes... couilles ! Je pleure, non de tristesse mais de douleur. J'attends que les larmes m'apaisent. J'attends l'abrutissement.

Le soir à la chandelle, nous nous aimions dans les chuchotements. Tard, Béatrice s'endormait dans le creux de 15 mon cou. Je lui parle encore sans écho.

Il faut pourtant que je parle des bons moments, il faut pourtant oublier que je souffre.

J'aimerais commencer par les derniers instants, fin prévisible et parfois souhaitée, qui me feraient rejoindre Béatrice. Je quitte 20 ceux que j'aime pour retrouver celle que j'ai tant aimée. Même si son paradis n'existe pas, je sais qu'elle y est parce qu'elle y croyait et que je le veux. Nous voici, allégés de nos souffrances, enlacés dans un élan ouaté, les yeux fermés pour l'éternité ; les cheveux blonds de Béatrice frémissent dans un bruissement 25 d'ailes soyeuses.

Béatrice qui êtes aux cieux, sauvez-moi.

---

2 **hésitant** qui n'est pas sûr, certain – 3 **un membre** les bras et les jambes – 7 **une morsure** Biss – 10 **subsister** rester, durer – 11 **les couilles** *vulg* Eier – 12 **apaiser qn** trouver la paix – 12 **un abrutissement** *ici :* Benommenheit – 13 **un chuchotement** un murmurement – 22 **alléger qn/qc** rendre plus léger – 23 **enlacer qn/qc** prendre dans ses bras – 23 **ouaté** → la ouate (Watte) – 24 **frémir** vibrer, trembler – 24 **un bruissement** un frémissement – 25 **soyeux** → la soie (Seide) – 26 **les cieux** *mpl* le ciel

Mes sens

J'ai été quelqu'un. À présent, je suis paralysé ; une partie de mes sens s'est échappée. Pourtant, aux terribles morsures de la paralysie se mêlent les mémoires délicieuses de mes sens
5 évaporés.

Se remémorer, centimètre par centimètre, souvenir après souvenir, les perceptions d'un corps atomisé, c'est déjà survivre. À partir de mon immobilité actuelle, reconstituer une chronologie dans un chaos de sensations mortes, c'est me
10 réapproprier le passé, relier deux vies jusque-là dissociées.

*

Le corps s'enflamme en une confuse rougeur. Son souvenir même m'alourdit. Il n'y a plus d'esprit ; seules m'envahissent les sensations lointaines. Dans le soleil brillant de Casablanca, j'ai
15 sept, huit ans peut-être. Mes frères et moi fréquentons l'école religieuse Charles-de-Foucauld. Pendant les récréations, certains enfants jouent au ballon au centre de la cour, soulevant une poussière qui leur colle aux jambes, aux bras et colore du même lait les shorts et les chemises bleu marine. D'autres
20 enfants se répartissent le long des murs en groupes de marchands ou de joueurs. Je suis marchand ; Alain, mon frère jumeau, qui vise très bien, est joueur. Il s'agit, pour le joueur, de toucher avec un noyau d'abricot le noyau placé entre les jambes du marchand. Je prends un emplacement le long du mur
25 d'enceinte, face au soleil du matin. J'aime à me faire croustiller par le soleil. J'attends le tir, les yeux mi-clos fixés sur mon noyau. Je compte jusqu'à trois. Frisson de plaisir. Engourdi par la poussière tiède de la cour, je ferme les yeux. Lorsque je reviens à moi, ma classe est rentrée ; de nouveaux élèves jouent. Je

---

3 **s'échapper de** fuir − 3 **une morsure** Biss − 5 **évaporé** disparu − 7 **atomisé** désintégré −
13 **envahir qn** überwältigen − 18 **une poussière** Staub − 20 **se répartir** sich verteilen −
22 **viser qn/qc** auf jdn /etw zielen − 23 **un noyau** Kern − 24 **un mur d'enceinte** f
Ringmauer − 25 **se faire croustiller** se faire dorer pour être appétissant − 27 **un frisson**
une petite vibration, onde − 27 **engourdi** *ici :* endormi

me lève, paniqué, enferme ma réserve de noyaux dans un mouchoir. Je cours de plus en plus vite, le corps en feu. Pour la première fois, je sens une étrange chaleur entre les jambes. Est-ce le frottement ou la peur de la méchante maîtresse ? Toujours
5   est-il qu'il se passe quelque chose là, en bas. Je frappe à la porte, éperdu, la maîtresse aboie et je reste planté dans la porte entrouverte.

*

Je rougis encore, seul dans mon lit, à l'évocation de ces
10   premières émotions.

*

Pendant la nuit, j'ai respiré profondément pour me dégager des douleurs qui m'isolent. Des images, belles de simplicité, me sont revenues à l'esprit. La souffrance reste.

15   *

J'ai quinze ans. Je veux impressionner mes camarades. J'entre dans une pharmacie pleine de monde. Quand vient mon tour : « Je voudrais une boîte (et en chuchotant) de préservatifs. » La pharmacienne me demande de répéter. Coincé et déjà rouge, je
20   m'exécute. « Petite, moyenne ou grande ? » ajoute-t-elle, ironique. Je m'enfuis.
      Elle parlait bien sûr de la taille de la boîte.

*

Un rire remonte dans ma gorge ; une contracture lui répond ;
25   le magnétophone glisse de mon thorax. Un silence découragé s'installe. Il faut se reprendre, se reconstruire.

---

4 **un frottement** Reibung – 6 **éperdu** paniqué – 6 **aboyer** *fam* crier – 12 **se dégager** se libérer – 18 **chuchoter** parler très doucement – 19 **coincé** verklemmt – 24 **une contracture** une contraction, une crampe

J'appelle Abdel, mon assistant. Il réinstalle le magnétophone. Ma voix sourde, nouvelle et étrangère, procède à l'enregistrement. Même mon identité s'effrite dans cette voix variable. Je n'ai plus de muscles pectoraux. Il n'y a ni intonation ni ponctuation.
5 Seuls les mots pour lesquels je parviens à accumuler suffisamment de souffle s'impriment sur la bande magnétique.

*

Malgré ma paralysie, mes sens absents me jouent encore des
10 tours.

Je sors pour la première fois du centre de rééducation de Kerpape, sur la côte bretonne. Béatrice pousse mon nouveau fauteuil jusqu'à un petit café en face de la plage. Elle est assise devant moi. Derrière elle, les planches à voile sautent sur les
15 vagues. Le ciel est gris. La transpiration glace ma nuque, mais je ne veux pas quitter la chaleur du visage de Béatrice près du mien. Comment peut-elle encore garder son regard de jeune amoureuse pour l'ombre de celui qu'elle a aimé ?

---

3 **s'effriter** abbröckeln − 4 **les muscles pectoraux** les muscles de la poitrine − 5 **parvenir à faire qc** arriver à faire qc − 9 **jouer un tour à qn** jdm einen Streich spielen − 14 **sauter** springen − 18 **une ombre** Schatten

Première partie

Enfance dorée

Je suis né le...

Je suis né le cul bordé de spaghettis, fils des ducs Pozzo di
5 Borgo et des marquis de Vogüé.

Durant la Terreur, Carl-Andrea Pozzo di Borgo se détache de
son ami Napoléon. Très jeune, il devient premier ministre de la
Corse sous la protection des Anglais. Il doit s'exiler en Russie où
il fait fortune en monnayant très cher l'influence considérable
10 dont il profite auprès du tsar de Russie. Par de judicieuses
alliances, les Pozzo transmettent cette fortune de génération en
génération, jusque dans notre siècle. On dit encore dans la
montagne corse « riche comme un Pozzo ».

Joseph, « Joe », duc Pozzo di Borgo, mon grand-père, a épousé
15 une Américaine pourvue d'or. Ses petits-enfants l'ont par la
suite appelée Granny.

Quand la gauche arrive au pouvoir en 1936, Joe Pozzo di Borgo
est mis en prison. Il n'était en rien des leurs.

Grand-Père cesse alors toute activité politique pour s'installer
20 dans ses domaines : l'hôtel parisien, le château normand, la
montagne corse et le palais Dario à Venise. Il entretient une
brillante cour d'opposants à tous les régimes. Il meurt lors de
mes quinze ans.

---

2 **doré** *ici :* riche, heureux (→ l'or) – 4 **le cul bordé de spaghettis** *vulg* avoir beaucoup de
chance – 6 **se détacher** se séparer – 9 **monnayer** vendre – 10 **judicieux** bon et
intelligent – 19 **cesser qc** arrêter qc – 21 **entretenir qn** finanziell für jdn sorgen

Quant à l'histoire de la famille de Vogüé, elle remonte à la nuit des temps.

Le grand-père Robert-Jean de Vogüé, officier de carrière, a fait les deux guerres mondiales : la première à l'âge de dix-sept ans, 5 la seconde comme prisonnier politique à Ziegenhain, en tant que N.N.* C'est un homme courageux, aux convictions profondes. Fidèle descendant des chevaliers, il conçoit les privilèges dont il a hérité comme une contrepartie des services rendus à la société : au Moyen Âge, la défense ; au XXᵉ siècle, le 10 développement économique. Il épouse la plus belle fille de sa génération, l'une des héritières des champagnes Moët et Chandon. Dans les années vingt, il quitte la carrière d'officier pour devenir le patron de cette société de champagnes, qu'il dirige et développe considérablement, jusqu'à sa retraite en 15 1973. D'une petite société familiale, il fait un empire.

Il n'obtient ces splendides résultats qu'à la force de son caractère et de ses convictions. À la fin de sa vie, il les rassemble dans un petit livre intitulé : *Alerte aux patrons***. C'est encore aujourd'hui mon livre de chevet.

20 Les financiers qui lui succèdent détruisent son œuvre. Il reste mon mentor. Notre fils s'appellera Robert-Jean.

Mon père, Charles-André, est le premier des enfants de Joe Pozzo di Borgo. Il décide de faire ses preuves dans la vie active. On peut dire qu'il est le premier Pozzo à travailler. Une manière 25 de s'opposer à son père. Il commence comme ouvrier sur les

---

* N.N. : « Nacht und Nebel » (condamné à mort en attente d'exécution discrète...).
** Éditions Grasset, 1974.

1 remonter à la nuit des temps *iron* in die graue Vorzeit zurückreichen – **7 concevoir** → la conception – 18 **une alerte** une alarme – 19 **un livre de chevet** livre préféré qui se trouve près du lit – 20 **succéder** → une succession – 20 **détruire** → une destruction

chantiers pétroliers en Afrique du Nord, puis suit une carrière qu'il doit à sa capacité de travail, son dynamisme et son efficacité. Son métier l'amène à vivre dans de nombreux pays, où je l'accompagne dans ma petite enfance. Quelques années
5 après la mort de son père, alors qu'il est patron d'un groupe pétrolier, il abandonne sa carrière pour mettre de l'ordre dans les affaires familiales.

Ma chère mère a trois enfants en un an : Reynier, puis Alain et moi, onze mois plus tard. Elle déménage quinze fois durant
10 la vie professionnelle de mon père, laissant à chaque fois tous les meubles encombrants et les quelques amis qu'elle a pu se faire. Notre père toujours en voyage, nous avons une *nanny* qui protège notre mère de nos turbulences. Je prends l'habitude, dès l'âge de la poussette partagée avec Alain, de m'asseoir sur lui. Il
15 attendra de nombreuses années et quelques centimètres d'avantage sur moi pour me mettre une dégelée qui ne soulagera qu'une partie de ses frustrations.

*

Aujourd'hui, il me pousse, bossu dans mon fauteuil. Ils me
20 dominent tous. Je refuse de lever la tête.

*

À Trinidad, nous passons notre vie à jouer sur la plage, vêtus comme les indigènes avec lesquels nous nageons toute la journée. Nous apprenons à nous exprimer en « petit anglais »
25 avant même de parler français. Le soir, nous nous battons dans notre chambre.

---

6 **abandonner qc/qn** quitter qc/qn – 11 **encombrant** volumineux – 14 **une poussette** Kinderwagen – 16 **une dégelée** Abreibung – 16 **soulager** calmer, apaiser – 19 **bossu** buckelig – 22 **vêtu** → un vêtement, vêtir

Puis c'est l'Afrique du Nord : l'Algérie et le Maroc. Nous découvrons l'école, apprenons le français avec une demoiselle d'un âge incertain, timide, restée jeune fille.

*

5 Je ne suis plus qu'un bon mètre quatre-vingts, cinquante kilos de matière inerte et reste de plomb. Hors service !

*

Reynier prend ses distances. Bientôt, c'est « les jumeaux contre Big Fat, la brute ». Conscient de ses responsabilités
10 d'héritier, notre aîné n'hésite pas à profiter de sa grande taille pour nous frapper de ses très larges mains, lorsqu'il considère qu'il en va de notre éducation.

*

Maintenant, je crie, lamentable, sans pouvoir frapper ceux qui
15 abusent de ma paralysie.

*

Après le Maroc, Londres. La *nanny* s'appelle Nancy. Je remarque le jeu de Reynier auprès de cette belle brune. Il se glisse dans son lit à l'insu de mes parents et je l'entends glousser.
20 Je tente tout pour avoir la chance d'entrer dans le lit de Nancy, sans trop bien savoir pourquoi. J'essaie même un jour d'attraper un semblant de fièvre en m'asseyant longuement sur un radiateur brûlant, pour être soigné par Nancy et peut-être finir dans son lit... Ma tentative ne peut se prolonger. Je suis victime

---

6 **inerte** apathique, inactif – 10 **un aîné** le premier enfant né – 14 **lamentable** jämmerlich – 15 **abuser de qc/qn** profiter de qc /qn – 19 **à l'insu** ohne jds. Wissen – 19 **glousser** kichern – 23 **un radiateur** Heizung – 24 **une tentative** Versuch

de la trahison de mon postérieur. Les fesses et les joues en feu, je dois sortir.

*

Je regrette les sensations qui me prouvaient mes limites. Ce corps aux frontières incertaines ne m'appartient plus.

Désormais, la main qui me caresse ne me touche plus. Mais ces images arrivent encore à m'émouvoir, dans la brûlure omniprésente.

---

1 **un postérieur** un derrière

... bordé de spaghettis

À huit ans, je suis convoqué avec mes deux frères dans le salon parisien de Granny. Grande violoniste, elle n'a pu laisser se développer tout son talent après son mariage, Joe le duc goûtant
5 peu le « bruit ». Elle possède un petit violon et un piano Steinway qui trône dans la salle de bal. Elle nous réunit tous les trois, Reynier, Alain et moi. L'immense piano noir me fascine, je le réclame. Alain tombe en admiration devant le violon miniature et sa complexité. Quant à Reynier, comme il n'aperçoit plus
10 d'instruments disponibles, il se désintéresse de la musique ; ce qui lui fournit maintes occasions de nous crier ses moqueries, lorsque Alain et moi essayons de jouer en duo. Humilié lors d'un concert donné par mon frère et moi, je ne joue plus du tout aujourd'hui.

15 Très tôt, mon père se forge une idée précise sur chacun de ses enfants. Il l'exprime avec brutalité, malgré sa profonde bonté. Ses jugements tiennent en quelques mots : « Reynier n'est pas doué pour les études. » Il sera interne à l'école des Roches. En France, c'est l'unique pensionnat organisé sur le modèle anglo-
20 saxon : les aînés apprennent à leurs jeunes condisciples à se prendre eux-mêmes en mains ; le sport et les activités autres qu'intellectuelles occupent une place dominante. Reynier y étudie médiocrement, n'acquiert jamais le goût du sport, mais développe pour le dessin une passion qu'il tient de notre mère.
25 Alain suit Reynier aux Roches « pour y faire ce qu'il pourra ». Notre père a longuement hésité sur les capacités intellectuelles de mon jumeau, qui garde un quasi-mutisme. Quant à moi, il m'envoie suivre la filière qui avait été la sienne et celle de son

---

6 **réunir** mettre ensemble – 8 **réclamer** demander, exiger – 11 **fournir** donner –
11 **maintes occasions** de nombreuses occasions – 12 **humilier** demütigen – 15 **(se)
forger qc** (se) construire qc – 18 **un interne** *ici :* un élève dans un internat –
23 **médiocrement** de manière insuffisante – 23 **acquérir** obtenir – 26 **hésiter** ne pas
être sûr de sa décision – 27 **un mutisme** le fait de ne pas parler

père, puisque je suis « le moins con des trois ». J'ai huit ans lorsqu'il m'emmène à Paris : je passe l'examen d'entrée au lycée Montaigne. Le jour des résultats, mon père me tient par la main en cherchant notre nom sur les listes. J'ai droit à un « C'est
5 bien » : je suis admis. Je quitte donc la famille. Je ne dois plus revoir les miens que lors des vacances scolaires.

Éliane de Compiègne, la sœur de mon père, son mari, Philippe, et leurs trois enfants habitent l'hôtel familial parisien. Ma tante me reçoit les week-ends et les jeudis après-midi. À ces
10 occasions, je prends le bus au Jardin du Luxembourg. Je m'installe toujours sur la plate-forme arrière. La plus belle des récréations : les rues défilent à travers la chaleur et l'odeur des pots d'échappement ; le contrôleur s'appuie nonchalamment à la rampe, casquette relevée, la main sur la poire de la sonnette
15 d'arrêt. Les Compiègne deviennent ma seconde famille. Ils m'installent sous les toits, dans la buanderie. Je dors dans un lit qui se déploie en tombant d'un placard. Je découvre une autre France.

Mon oncle, Philippe de Compiègne, est un grand chasseur. Il
20 m'apprend à tirer et me donne le goût des gardes prolongées, seul parmi les arbres. C'est aussi lui qui m'enseigne la pêche à la mouche, autre sport solitaire, tout d'acuité visuelle et d'élégance du geste. L'oncle Philippe parle peu.

Le fils aîné, François, de deux ans mon cadet, est mon
25 compagnon de jeux durant toutes ces années d'adolescence. Brutal et gigantesque, comme tous les Compiègne, il se montre d'une maladresse inouïe. À ce jour, il doit compter près d'une centaine de points de suture ! Je me souviens encore de parcours à bicyclette dans notre forêt de Dangu. J'ouvre la piste sur les
30 sentiers, dévale les pentes entre les arbres et ramasse plusieurs

---

1 **con** *vulg* bête, idiot – 13 **un pot d'échappement** Auspuff – 13 **nonchalamment** avec nonchalance – 16 **une buanderie** une pièce utilisée pour sécher le linge – 17 **se déployer** s'ouvrir – 22 **une acuité** *f* intelligence, clairvoyance – 24 **cadet** plus jeune – 27 **inouï** extraordinaire, incroyable – 28 **un point de suture** genähte Wunde

fois François taillardé à la suite de chutes ! Adulte, il est encore cette fragile force de la nature.

*

Un jour j'ai déraillé. J'ai appris la solitude. Par la suite, je l'ai
5   recherchée. Je voulais aller toujours plus vite, toujours plus loin, toujours plus haut. Je me sentais immortel ! Même l'avalanche qui m'emporte aux Arcs ne me laisse aucune trace ; je repars sans émoi après de nombreuses sorties de route. Pourtant, j'ai raté une marche. Je ne retrouve pas dans ma mémoire le
10 moment où ma condition terrestre m'a rattrapé.

*

Lorsque François a douze ans, l'oncle Philippe lui offre une Citroën 2CV de la Poste, couleur jaune orangé, achetée aux enchères du domaine public. Pendant plusieurs années, cette
15 brave Titine est notre compagne de jeux. Dès mes quatorze ans, j'esquisse de grands dérapages dans les virages boueux de la forêt. J'ai, depuis, retrouvé des photos de cette voiture : on y voit les adolescents que nous étions, triomphants, posant, les mains dans les poches, la clope au bec, autour de notre « char ». Le
20 monde est à nous. Nous sommes des enfants gâtés.

Pendant la semaine, je vis à l'école Bossuet, pensionnat tenu par des religieux tout de noir vêtus. Le supérieur de l'école, le chanoine Garand, a plus de quatre-vingts ans. Il a été le professeur de mon grand-père, il était déjà directeur à l'époque
25 de mon père.

Posté à une fenêtre du septième étage, muni d'une bombe à eau, entouré de mes camarades, je vise notre supérieur. Il

---

1 **taillader** couper – 4 **dérailler** *fam ici :* spinnen – 6 **une avalanche** Lawine – 9 **rater qc/ qn** *fam* manquer qc/qn – 14 **une enchère** Versteigerung – 15 **une Titine** *fam* une voiture – 16 **un dérapage** *ici :* kontrolliertes Schleudern – 16 **boueux** schlammig – 19 **une clope** *fam* une cigarette – 19 **un bec** *ici : fam* la bouche – 23 **un chanoine** un religieux

traverse la cour. Peut-être vient-il de méditer sur les incertitudes de la vie. Fss... Plaf !!! Après une belle trajectoire, le projectile éclate et inonde la soutane. Attentat réussi !

5 Informé de l'« exploit », mon père ne s'oppose pas à mon renvoi. Il a déjà décidé de me retirer de Bossuet : il a appris que je passe le plus clair de mon temps dans un café où l'on me surnomme « le roi du flipper ».

Je suis envoyé à l'école des Roches, où je rejoins mes frères. J'y arrive en fin de première. Je développe rapidement une
10 conscience politique en violente opposition avec les valeurs dominantes de cette école. La scolarité coûteuse limite le recrutement à l'élite financière et la croissance des années d'après-guerre permet l'entrée d'une nouvelle population scolaire, très friquée, aux bases culturelles parfois rudimentaires.
15 Je me souviens d'enfants pourris, conduits par des chauffeurs. L'un d'eux fait même son entrée dans l'immense parc en vieille Rolls-Royce, un domestique en livrée debout sur le marchepied latéral. J'ai honte pour lui et pour moi. Je n'avais jusque-là jamais pris conscience de la notion de classe. Je m'isole dans
20 cette école, vois peu mes frères, passe plusieurs heures par jour au piano, fume cigarette sur cigarette dans le petit box d'étude qui m'est réservé.

*

Par la suite, accablé par l'injustice sociale, j'ai travaillé au-delà
25 du raisonnable pour qu'au moins ceux dont je suis responsable puissent acquérir leur indépendance.

Lorsqu'on nous a demandé des centaines de licenciements, j'aurais pu prendre les armes. Tremblant d'indignation, encerclé

---

3 **éclater** platzen – 3 **inonder qc /qn** couvrir qc/qn d'eau – 14 **friqué** *fam* → le fric (l'argent) – 15 **pourri** *ici :* sehr verwöhnt – 17 **un marchepied** Trittbrett – 24 **accablé** très fatigué et découragé – 27 **un licenciement** Entlassung – 28 **une indignation** la colère – 28 **encercler qc/ qn**→ **un cercle** Kreis

par les lois glaciales de l'économie, j'aurais probablement pu les retourner contre moi, afin qu'ils ne m'aient pas vivant.

*

Je découvre Marx, Engels, Althusser. Dans ma piaule, j'étudie
5 ces auteurs « rouges » en écoutant les *Vingt regards sur l'Enfant Jésus*, une partition pour piano de Messiaen. Cette musique m'isole de la pourriture environnante. Ma révolte est telle que je refuse de participer aux réunions de groupe. Lors de la remise des prix, je reçois le mien « par contumace ». Une première dans
10 les annales de cette école !

Mai 68 me surprend dans cet établissement anachronique. Je décide de m'échapper pour me rendre à Paris. Je me laisse entraîner par l'enthousiasme général qui règne de l'Odéon au Panthéon. Je suis persuadé qu'une plus grande justice résultera
15 de ces folles journées : désormais, la décence et le respect régleront les rapports entre les hommes.

Je vis ainsi quelques jours de flottement total, enivré par l'excitation générale et l'odeur de poudre, sans idée préconçue, si ce n'est celle de l'avènement imminent d'une fraternité
20 romantique. Je passe mes nuits chez d'anciens camarades de Louis-le-Grand. Nous discutons de nos projets sociaux jusqu'à des heures tardives.

*

Je n'accepte pas le compromis, pauvre Idiot des temps
25 modernes.

---

4 **une piaule** *fam* une chambre – 7 **une pourriture** *ici :* Verkommenheit – 9 **par contumace** in Abwesenheit – 15 **une décence** le tact, la convenance – 17 **enivré** *ici :* comme dans une transe – 19 **un avènement** la naissance, l'arrivée – 19 **imminent** immédiat, très proche – 21 **Louis-le-Grand** très célèbre lycée parisien

Mère « aux milles sourires »

Mon père acquiert un bateau de douze mètres. J'ai dix ans lors de nos premières traversées jusqu'en Corse.

Notre mère nous accompagne, terrorisée par les éléments.
Elle retrouve sa tranquillité dans les ports de la « mer aux mille sourires* ».

Un été, la traversée s'effectue par un fort mistral. La mer, blanchie, frappe la poupe ouverte du bateau avant de déferler sur le pont. Mon père maintient sa route malgré la tempête. Notre équipage rejoint triomphalement le port de Calvi sous les yeux admiratifs des gens sur le quai. D'année en année, les distances s'allongent. Nous découvrons toute la côte italienne et enfin la mer Ionienne, avec l'île de Zante. Nous y trouvons un cimetière qui regroupe une cinquantaine de tombes familiales. Un employé entretient toutes ces tombes, sans raison apparente. Nous y restons une petite heure, où nous voyons défiler deux siècles de notre famille. Toutes ces vies différentes se résument à un prénom et des dates sur une pierre. Je garde de cette visite une sensation de vertige, d'un temps qui s'écoule, cadencé par les générations et rétréci par le cimetière commun.

Quatre ans plus tard, notre père achète un bateau plus grand, un superbe seize mètres en fibre de verre, avec deux mâts et deux cabines qui nous permet de sillonner toute la Méditerranée : de La Rochelle nous partons en Turquie pour retourner au Portugal.

Ces longues traversées exercent une influence durable sur les garçons que nous sommes.

---

* Socrate désignait la Méditerranée par la « mer aux mille sourires ».

7 **un mistral** vent très fort qui souffle dans le sud de la France – 8 **une poupe** Heck – 8 **déferler** auf etwas strömen – 15 **apparent** évident, plausible – 19 **un vestige** une marque, une trace – 20 **rétréci** plus étroit, petit – 23 **sillonner** voyager, naviguer à travers qc

J'apprends la continuité dans l'effort, la modestie devant les éléments, mais aussi l'art de leur faire un pied de nez.

Ces traversées m'enivrent. Rien ne me fait plus plaisir que de tenir la barre du bateau sous les voiles et les étoiles. Cette masse
5 blanche pénètre dans l'obscurité, parmi des gerbes de mer phosphorescentes ; la vague se fend lourdement sur la coque et s'évanouit en bulles de champagne.

Un été, c'est la catastrophe. Nous partons de Lisbonne dans l'intention de rejoindre Gibraltar le lendemain. À trois heures
10 du matin, la mer s'est creusée, mais elle n'est pas dangereuse.

Nous continuons, toutes voiles dehors. Le bateau file à grande vitesse sur la houle dans la plus grande sûreté. Un choc terrible. D'un seul coup, c'est le naufrage ! Un des phares de la côte n'a pas dû fonctionner. Nous sommes projetés tout droit sur le cap
15 Saint-Vincent. Par miracle, il s'agit d'une partie ensablée entre les rochers. Le choc est si violent que je passe de ma couchette à la mer. Personne n'est blessé ; le bateau se couche sans se rompre. Rapidement, dans la brume du petit matin, apparaissent des paysans venus à notre secours avec leurs ânes. Nous restons
20 deux jours accueillis avec une chaleureuse hospitalité, vestige d'humanité ; comme si la pauvreté en était la condition.

*

Lorsque je songe à ces premières années dorées, je reconnais que j'étais un enfant gâté. Je ne peux m'empêcher de chercher
25 à identifier les influences qui m'ont profondément marqué.

Certaines sont génétiques. Physiquement, je suis le portrait du grand-père Joe. On dit que j'ai aussi en partie hérité de son

---

1 **une modestie** Bescheidenheit – 2 **faire un pied de nez à qn** se moquer de qn/qc –
3 **enivrer qn** jdn berauschen – 5 **une gerbe** *ici* : ein Strahl – 6 **se fendre** platzen – 6 **une coque** Rumpf – 7 **s'évanouir** *ici* : verpuffen – 12 **la °houle** Seegang – 13 **un naufrage** une catastrophe en mer – 13 **un phare** Leuchtturm – 16 **une couchette** (Schlaf-)Koje – 18 **se rompre** se casser – 20 **une hospitalité** Gastfreundschaft

esprit, et de son goût pour la gent féminine. Du grand-père Vogüé, j'ai le sens esthétique, voire la coquetterie, et le goût du pouvoir. De Granny, j'ai reçu l'héritage spirituel : la morale puritaine et la mentalité américaine. L'hérédité et mon goût des
5 modes de vie de ces deux grandes familles – l'une du passé, l'autre en avance sur son temps – se combinent. Le sens du devoir se mêle étrangement en moi à un certain détachement pour mon environnement. Une sorte de superbe laborieuse. Même après les drames, même dans mon immobilité, ces
10 composantes restent motrices.

---

1 **la gent féminine** *litt* les femmes – 2 **voire** et même, aussi – 7 **un détachement** un désintérêt – 8 **une superbe** *litt* fierté, arrogance – 8 **laborieux** qui demande beaucoup d'efforts

Deuxième partie

Béatrice

Renaissance

Tout commence dès le jour de notre rencontre ; nous avons
5 vingt ans. Une cour de faculté à Reims. Nous y sommes tous
deux par hasard ; elle, parce qu'elle suit son père préfet, moi,
parce que je ne suis pas mes parents à l'étranger.

Béatrice et moi avons fait presque toutes nos études ensemble.
La faculté de droit et de sciences économiques de Reims se situe
10 dans un ancien bâtiment qui abrite aussi un hospice de
personnes âgées. À gauche de l'entrée, ce sont les vieux. À droite,
les étudiants. Entre les deux, la chapelle. La distance entre nous
est immense : ils n'attendent plus rien, nous espérons tout.

En 1969, cette faculté est d'extrême gauche. Je vais peu aux
15 cours. Je passe le plus clair de mon temps dans un petit café,
très proche. Je me pointe parfois à la fac, alors en grève, pour
voter à main levée, lors des assemblées générales, la poursuite
du mouvement. Le temps s'écoule, sans relief. Je refais ma
première année. J'aurais pu traîner ainsi tout au long de mes
20 études.

Un jour, je remarque une grande blonde. Son allure se
distingue de l'uniforme que constituent alors le jean, le pull-
over moulant et la cigarette. Le lendemain, les résidents de
l'hospice sont plus nombreux à l'entrée : il se passe quelque

---

10 **abriter qn/qc** jdn/etw beherbergen – 16 **se pointer** *fam* arriver – 16 **une fac** *fam* une
faculté, université – 16 **une grève** Streik – 17 **voter** abstimmen, wählen – 18 **s'écouler**
passer – 19 **traîner** ne pas se presser – 23 **moulant** eng anliegend

chose chez les étudiants. J'entre dans la cour. La belle est là avec quelques camarades, munis de rouleaux de papier blanc. Elle interpelle les étudiants pour qu'ils signent leur pétition. Je m'approche de la splendeur, elle m'invite à signer l'arrêt de la grève ; ce que je fais sans hésiter, en rougissant. Amusée, elle me donne un rouleau pour que je puisse récolter des signatures. Depuis ce jour-là, nous ne nous sommes jamais quittés. Depuis ce jour-là, j'existe.

Je discute avec Béatrice. Sans a priori politiques, elle défend ce qui lui paraît raisonnable et rit de nombreux sujets qui me semblaient jusque-là plutôt austères. Elle voit la vie comme une comédie humaine ; je la perçois plutôt comme une tragédie. Nous nous disputons sur ces divergences mais, le soir, elle me garde auprès d'elle. Elle me présente bientôt à ses parents, dans le somptueux palais du préfet où nous passons dorénavant tous nos week-ends.

On me réserve la chambre du général de Gaulle, son immense lit construit sur mesure. Béatrice m'y rejoint tard le soir. Le matin, elle m'apporte le petit déjeuner au lit. Elle est drôle. Elle pense berner ses parents. Jusqu'au jour où ma charmante future belle-mère se présente dans la chambre avec un petit sourire et demande à sa fille de bien vouloir la rejoindre.

Nous vivons plus de la moitié de la journée dans ce lit où nous préparons notre avenir. Nous décidons de présenter Sciences-Po, voire l'ENA. Je me mets au travail.

J'emmène Béatrice dans notre Corse pour les vacances d'été. Nous sommes les premiers de notre génération à vivre ensemble sans être mariés. Les aînés ont quelque difficulté à s'y adapter.

---

2 **muni** ausgestattet – 4 **une splendeur** une très grande beauté – 6 **récolter qc** etw sammlen – 9 **un a priori** *inv* un préjugé – 11 **austère** streng – 15 **somptueux** magnifique – 15 **dorénavant** künftig – 18 **rejoindre qn/qc** retrouver – 20 **berner qn** jdn an der Nase herumführen 24 **Sciences Po** *Elitenhochschule u.a. für Politikwissenschaft* – 25 **ENA** (= École Nationale d'Administration) *Elitenhochschule für Verwaltung*

Kiss Machine

Elle est grande. On remarque son port de tête et l'élégance de sa démarche. Son visage parfait exprime la joie de vivre, l'intelligence et une vitalité sans limites.

⁵ Ses yeux bleu ciel, surlignés de noir par ses sourcils et ses cils, sont toujours rieurs. Je la regarde continuellement, ému par tant de grâce et d'amour. Sa simplicité est toujours raffinée. Souvent, je choisis sa tenue du jour. Je connais chaque centimètre de sa peau douce, le duvet de sa lèvre supérieure, la gourmandise de

¹⁰ sa lèvre inférieure, le lobe de son oreille parfaite, le creux de son cou à la naissance de son épaule rarement recouverte, ses petits seins fermes, son ventre souple sur lequel je m'endors souvent, ses hanches généreuses qui m'encouragent dans nos étreintes.

Dans la rue, je la tiens par le coude. « Eh ! Regardez c'est ma
¹⁵ compagne ! » Nous nous enlaçons sans pudeur.

Nos familles nous surnomment « Kiss Machine ».

À vingt ans, nous nous inquiétons de nos futures étreintes, lorsque nous en aurons quarante. À quarante ans, même si elle a les jambes bandées, l'amour reste doux. Nous lisons ensemble,
²⁰ jouons de la musique. Nous sommes inséparables. Après mon accident, affaiblie par son cancer, elle continue néanmoins nos jeux amoureux. Nous nous aimons par les lèvres.

J'ai toujours éprouvé l'envie d'être uni à elle ; je me sentais plus beau, grandi.

²⁵   *

---

3 **une démarche** la manière de marcher – 5 **surligner** ≠ souligner – 8 **une tenue** *ici :*
les vêtements – 9 **un duvet** Flaum – 10 **un lobe d'oreille** Ohrläppchen – 10 **un creux**
Mulde – 12 **les seins** *mpl* Busen – 13 **généreux** großzügig – 13 **une étreinte**
Umarmung – 15 **s'enlacer** sich umarmen – 19 **bandé** verbunden – 21 **un cancer** *méd*
Krebs – 23 **éprouver** ressentir

Notre vie est une musique. Dès les premiers temps, à Reims, je loue un piano dans la remise encombrée d'un menuisier. Elle m'y rejoint. C'est mon époque Chopin-Schumann-Schubert. Elle s'installe sur une caisse et m'écoute en lisant. Aux concerts,
5 nous nous tenons par la main. Un soir de lieder de Schubert, elle me donne un coup de coude tant elle trouve indécente l'attention que je semble porter à la belle chanteuse. Lorsque nous nous installons en Champagne, elle suit des cours de chant. Pas un jour ne se passe sans que nous ne manquions à
10 nos duos de Mozart et de bien d'autres. Son mystère est dans son chant, au fond d'elle-même, comme une vibration de la nature. Suis-je au diapason lorsque nous admirons ensemble la beauté ? Plus qu'un chant, je perçois au fond de moi une harmonie presque sensuelle. Je ne respire qu'au rythme de ses
15 aspirations.

*

Où que je sois dans le monde, elle est le seul univers qui compte pour moi : le soir, l'un contre l'autre, nus dans notre grand lit, les chuchotements à propos des enfants, la certitude
20 d'être aimé, la tendresse des corps. Sur cette terre sans cesse parcourue, ma seule découverte est ce grand lit.

*

Le Pozzo fait peau neuve grâce à sa brillante compagne. Je règle mes dettes de jeu en vendant la belle Coccinelle orange,
25 cadeau de mes dix-huit ans. Je rachète au patron du café l'antique ID19 qu'il a magnifiquement conservée. J'emmène Béatrice partout dans ce carrosse. Je suis le roi des voyous, elle est ma reine.

---

2 **une remise** Schuppen 2 **un menuisier** Schreiner – 12 **être au diapason** être en harmonie avec l'attitude de l'autre – 15 **une aspiration** Einatmen – 18 **nu** sans vêtement – 19 **un chuchotement** un murmure – 24 **une dette** Schulden – 27 **un voyou** *pop* un mauvais garçon

Les étudiants de Sciences-Po doivent effectuer un stage en fin de seconde année. Nous sommes à peine fiancés. Mon futur beau-père obtient de la mairie de Montpellier une opportunité de stage dans la ville jumelée de Louisville, au Kentucky. Nous sommes affectés dans la même petite banque locale : la Louisville Trust Co. Pensant plaire au préfet, l'université nous installe chez une vieille habitante, dans une somptueuse maison coloniale. Plusieurs fois mariée, veuve, elle est tout excitée par l'arrivée de ce jeune couple. Bien renseignée, elle nous accueille avec une révérence digne de *count and countess*. Elle nous bichonne, nous caresse ; impossible de l'éjecter de notre chambre. Je la soupçonne d'avoir passé plusieurs nuits, l'oreille collée à la porte, en quête des soupirs qui lui manquaient.

À la banque, Béatrice est affectée au département juridique tandis que je mets mon nez dans la gestion des patrimoines. Toutes les deux heures, nous avons droit à quinze minutes de pause-café. Nous nous retrouvons d'urgence dans l'ascenseur et nous embrassons durant le temps partagé. Il y a de quoi choquer l'Amérique puritaine et conforter les indigènes dans l'image qu'ils ont des Français. Désormais, ils ne nous appellent plus que « *the French lovers* ». Dans la rue, nos jeux continuent et occasionnent crissements de freins, coups de Klaxon répétés, bouchons et éclats de rire. J'ai même conservé le souvenir d'une famille de pauvres Blancs ruraux à la consanguinité évidente, restée pétrifiée pendant cinq minutes, le temps que nous disparaissions de leur champ de vision.

La nuit, il y a une manœuvre que nous avons toujours affectionnée. Nous nous mettons l'un derrière l'autre en chien de fusil. Je tiens sa hanche et remonte ses cheveux sur sa nuque.

---

2 **fiancé** verlobt – 8 **veuf, veuve** verwitwet – 11 **bichonner qn** jdn verhätscheln –
12 **soupçonner qn** jdn verdächtigen – 13 **une quête** une recherche – 13 **un soupir**
Seufzer – 15 **une gestion des patrimoines** Vermögensverwaltung – 19 **un indigène**
Eingeborener – 22 **un crissement** Quietschen – 22 **un frein** Bremse – 24 **rural** de la
campagne – 24 **une consanguinité** Blutsverwandtschaft – 25 **pétrifié** très étonné –
28 **dormir en chien de fusil** mit angezogenen Beinen schlafen

Dans une parfaite synchronisation, à un instant qui nous échappe, nous inversons nos positions. Nous avons nos étreintes, nos jeux, nos confidences, et à un moment donné la nuit s'ordonne en ce simple ballet. Après l'accident, je reste sur le dos. Elle pose sa tête dans le creux de mon épaule, me dit où elle met ses jambes, ses bras ; et moi, d'imaginer la position de son corps.

Si longtemps j'ai souffert de ne pouvoir la caresser, de ne pouvoir l'aimer.

Elle s'installe près de mon cou et ma nuit se résume à cette épouse blottie contre moi. Jamais elle ne s'est plainte. Elle, martyrisée par son cancer qui l'affaiblit de jour en jour, et moi, paralysé dans la brûlure, nous avons réduit, ou plutôt élargi, notre amour à ces deux têtes qui se touchent tendrement le soir.

Nous nous échappons.

11 **blotti** angekuschelt

Béatrice

Alors que nous attendons notre premier enfant depuis quatre mois, Béatrice a des saignements. Je ne me souviens plus de l'hôpital, je les confonds tous maintenant. Je revois le jeune
5 professeur. De cela, je suis sûr. Avec une grande gentillesse, il nous dit qu'il n'y a pas de quoi s'inquiéter pour le prochain enfant. Je pleure au chevet de Béatrice. Est-ce vraiment sur sa souffrance ? C'est elle qui me console. Nous vivons dans une HLM, Porte d'Orléans ; Béatrice a déjà repris sa vie d'étudiante
10 avec beaucoup d'entrain.

Lors de la grossesse suivante, les saignements commencent au troisième mois. Ils me donnent le fœtus dans un bocal et me demandent de l'emmener au laboratoire. Ils commencent à nous faire toutes sortes d'examens de laboratoire qui s'avèrent
15 satisfaisants.

Nous passons Sciences-Po avec succès et décidons de préparer l'ENA.

Béatrice a vingt-cinq ans. Au mois de mars, elle est de nouveau enceinte. Cette fois, la grossesse évolue bien.
20 Le bébé doit vivre ; mais Béatrice fait une embolie*. Elle résiste. Le fœtus ne semble pas avoir été touché. Elle veut cet enfant au prix même de sa santé. Le chef de clinique la défend avec dureté contre son collègue qui veut essayer un anticoagulant, au risque d'occasionner des malformations. La discussion
25 se passe dans le couloir, bruyante. Béa est écœurée. Comment deux médecins peuvent-ils oublier que, dans le lit 21, il y a une femme belle, intelligente, qui aime et qui, hors de cette prison,

---

* Embolie : brusque oblitération d'un vaisseau sanguin par un caillot ou un corps étranger véhiculé par le sang (Dictionnaire Larousse).

3 **un saignement** le fait de perdre du sang – 4 **confondre qn/qc** mélanger – 9 **une HLM** (= Habitation à Loyer Modéré) Sozialwohnung – 11 **une grossesse** le fait d'attendre un enfant – 12 **un bocal** Glasbehälter – 14 **s'avérer être qc** sich als etw herausstellen – 19 **enceinte** qui attend un bébé – 23 **un anticoagulant** Blutverdünnungsmittel – 25 **écœuré** découragé

les vaut bien ? Quand elle peut enfin se mettre debout, elle s'aperçoit même qu'elle est plus grande qu'eux.

Je suis là. La chambre est toujours fleurie. Il y a des fruits, des livres, de la musique et un réfrigérateur plein.

5 J'ai abandonné ma préparation à l'ENA, oublié les nécessités de l'économie politique, les dernières statistiques, le quotidien extérieur. Notre vie, la vraie, d'os et de chair, est ici. Nous devons faire face ensemble. Grâce aux équivalences, je m'inscris en licence d'histoire. Je fais partager à Béatrice la vie des premiers
10 navigateurs arabes et lui conte l'histoire de l'océan Indien aux XIIIe et XIVe siècles.

C'est pratique, les équivalences : nous connaissons Ibn-Batouta mais ignorons la chronologie des rois de France. J'ai ma licence, mais nous ratons l'enfant. Après sept mois de
15 gestation, l'hypertension a raison des mouvements du fœtus. Il commençait à se faire sentir ; ce devait être un garçon. Il s'est immobilisé.

Le mois qui suit est un cauchemar. Le fœtus doit se rétrécir suffisamment pour que Béa « accouche naturellement ».
20 Après un dîner, les douleurs commencent ; nous nous retrouvons aux urgences de la maternité. Béatrice dit que l'enfant est mort. Rien à faire : même traitement que pour celles qui, après quelques heures de douleur, connaîtront le bonheur.

25 Nous n'avons pas le temps de nous ressaisir ; un personnage grisâtre entre sans se présenter. Bille en tête, il demande : « Comment s'appelle le défunt ? » Béa suffoque. Je me précipite

---

1 **valoir qc** *ici :* genau so gut sein – 7 **d'os et de chair** (*expression idiomatique :* en chair et en os) le caractère physique d'une personne – 12 **Ibn-Batouta** *nom d'un explorateur et voyageur marocain* – 14 **rater qc** ≠ réussir qc – 15 **une hypertension** Bluthochdruck – 18 **un cauchemar** un mauvais rêve – 18 **se rétrécir** devenir plus petit, étroit – 19 **accoucher** donner naissance à un enfant – 21 **une maternité** service de l'hôpital où les bébés naissent – 22 **un traitement** Behandlung – 25 **se ressaisir** sich zusammenreißen – 26 **bille en tête** *fig* forsch – 27 **un défunt** un mort – 27 **suffoquer** fast ersticken

sur l'intrus, l'embarque de force dans le couloir. Il m'explique qu'un enfant né après sept mois doit être enregistré à l'état civil, même s'il n'a pas vécu à la naissance. Je réponds avec docilité à toutes ses questions absurdes, signe tous les
5 documents ; il est satisfait. Je pleure seul dans le couloir, me donne une contenance et retourne auprès de Béa. Je lui parle paisiblement pour calmer sa souffrance et cacher la mienne. Elle finit par s'endormir. Je reste à côté d'elle, dans un fauteuil sans âge. Lorsqu'elle pleure, je pose ma main sur son front et lui
10 chuchote des tendresses.

La nuit suivante, nouvelle embolie, nouvelle réanimation. Je reste à ses côtés. La tête lui tourne. Bruits, lumière, conversations vaguement audibles. Une nuit blanche, fatigante, sans matin. Toujours, je lui tiens la main.

15   *

Nous partons aux États-Unis commencer une nouvelle vie.

On nous indique un bon obstétricien, qui nous prépare professionnellement à notre quatrième tentative. Il est doux. Sa clinique est luxueuse. Nous avons l'illusion d'être dans un
20 endroit protégé, un lieu où les misères ne pénètrent pas. À son grand étonnement, la grossesse ne dure que quatre mois.

Notre premier enfant américain est en train de foutre le camp. Je parle doucement à Béatrice. Puis, plus rien. Quand je reprends connaissance, les infirmières me taquinent. Même Béa
25 a retrouvé un éclat rieur dans ses yeux fatigués.

Béatrice fait deux embolies pulmonaires. Après plusieurs mois, ils la lâchent enfin. Elle est l'ombre d'elle-même, seuls ses yeux vivent. Nous allons en Martinique. À peine descendus

---

1 **un intrus** ungebetener Gast – 6 **une contenance** Fassung – 10 **une tendresse** un geste doux et gentil – 17 **un obstétricien** *med* Geburtshelfer – 18 **une tentative** →
tenter, essayer qc – 22 **foutre le camp** *fam* partir, s'en aller – 24 **une infirmière** une aide, assistante du médecin dans un hôpital – 24 **taquiner qn** se moquer gentiment de
qn – 26 **pulmonaire** Lungen- – 27 **lâcher qn/qc** loslassen

d'avion, nous fonçons louer un bateau, faisons le plein de vivres, partons.

En quelques jours, elle reprend formes et couleurs ; ses yeux sont toujours aussi rieurs. Je ne retiens de Béatrice que ces
5 moments de confiance.

Le savant médecin américain nous persuade qu'il a tout compris, que la seule solution est de recommencer.

Un an plus tard, c'est fait. Un enfant est mort à sept mois. En cas d'échec, nous avions décidé d'adopter. Nous commençons
10 des démarches pour obtenir le préaccord à l'accord préalable à l'avis positif qui pourrait nous ouvrir les portes d'une adoption... à l'horizon de cinq ans. Nous rédigeons probablement le plus beau dossier d'adoption que l'Institut religieux de Bogota ait jamais reçu.
15 Un médecin procède à notre bilan de santé. Il découvre que l'examen sanguin de Béatrice est anormal. Il l'envoie en ambulance à l'hôpital de Cook-County pour approfondir les analyses. Le diagnostic est confirmé. Il porte un nom barbare qu'aujourd'hui encore je n'arrive pas à mémoriser. Il est
20 vulgairement connu sous le nom de maladie de Vaquez – un cancer de la moelle osseuse. On la trouve chez les personnes âgées, souvent chez les hommes. À la connaissance du chef de clinique, il y a moins d'une centaine de cas de cette maladie chez une jeune femme comme Béatrice aux États-Unis. Ils tiennent
25 leur cobaye. Les médecins des différents hôpitaux la recevrons toujours avec le même intérêt. Les vieux en meurent. On arrive néanmoins à les prolonger d'une dizaine d'années : « Alors, c'est déjà ça. »

C'est un cancer des globules rouges. L'hémoglobine se
30 développe à une vitesse et une intensité telles que le sang se fige. Le plus fréquemment, on meurt d'une embolie pulmonaire ou

---

1 **foncer** se dépêcher – 1 **faire le plein de qc** *ici :* sich mit etw versorgen – 1 **les vivres** *mpl* Lebensmittel – 9 **un échec** ≠ un succès – 21 **la moelle osseuse** Knochenmark – 25 **un cobaye** Versuchskaninchen – 29 **un globule rouge** rote Blutkörperchen – 30 **se figer** s'immobiliser

cérébrale. Il faut suivre une chimio pour détruire les globules rouges.

Je suis abasourdi. Ils m'ont parlé de cancer.

Elle est éreintée par sa dernière fausse couche.

5   Lorsqu'ils m'apprennent son cancer, je me perds. Tout devient noir comme ces nuits où je m'échappe avec des femmes, toutes les femmes, n'importe quelles femmes.

1 **une chimio(thérapie)** Chemotherapie – 3 **abasourdir qn** laisser qn muet – 4 **éreinté** extrêmement fatigué – 4 **une fausse couche** Fehlgeburt

Chérubino !

Dans cette folie et cette douleur, un coup de téléphone nous annonce qu'un bébé, une petite fille, nous attend à Bogota. Béatrice s'effondre en sanglots sur la table d'un restaurant français, bondé, à Chicago. Elle doit s'absenter pour se recomposer un visage.

Rien ne me reste de toutes ces semaines, sinon la honte de ma fuite. Puis survient le jour, à Bogota, où Béatrice pose Laetitia dans mes bras. C'est un magnifique bébé de trois mois qui me regarde avec de grands yeux étonnés, peut-être inquiets. Je retrouve, nous retrouvons notre respiration commune. Laetitia est une merveille. Béatrice a repris goût à notre amour. Je retrouve la chaleur de son corps meurtri.

Je suis nommé directeur financier de la filiale française d'un grand groupe pharmaceutique américain. C'est le retour, tout d'abord timide, puis triomphal avec l'enfant promis. Voici déjà cinq ans que nous avons quitté la France. J'installe les miens dans l'hôtel familial. Béatrice revient à la vie ; Laetitia embellit. Je travaille d'arrache-pied avec mon jeune patron, André, notre ami depuis. Je gagne deux fois moins qu'en Amérique, mais quelle aventure ! André apporte toujours des cadeaux pour Laetitia lorsque nous travaillons le week-end à la maison.

*

Béatrice a trente-trois ans. Elle est resplendissante.

---

1 **un chérubino** *ital* un enfant, un ange – 4 **s'effondrer** zusammenbrechen – 5 **bondé** très plein – 8 **une fuite** Flucht – 13 **meurtrir** blesser profondément – 18 **embellir** devenir de plus en plus beau, belle – 19 **d'arrache-pied** sans s'arrêter – 24 **resplendissant** brillant, éclatant

Opération cœur

Nous revenons de Saint-Gervais en voiture. Béatrice est
fatiguée. Elle s'allonge sur son siège et s'endort. Je conduis
jusqu'à Paris, sans m'arrêter. Nous arrivons à la maison ; je
5   réveille Béa. Elle a toujours les yeux enfoncés, le regard vide. Elle
peine pour monter l'escalier, puis se couche. La nuit est longue.
Je la regarde dans son sommeil inconfortable. Le lendemain
matin, nous décidons de consulter son cardiologue. Il
diagnostique une embolie pulmonaire et la fait hospitaliser
10 d'urgence.

On installe Béatrice en réanimation cardiaque ; elle est
doublement prisonnière : de son corps et de la règle hospitalière.
On la met en uniforme : une sorte de camisole blanche portée
à même le corps. Tout est prêt : branchements, cadenas aux
15 fenêtres – pour éviter les suicides –, pas de téléphone, pas de
télé, pas de couleur, peu de temps de visite.

Les médecins pratiquent des tests et confirment l'embolie
pulmonaire. Ils installent Béatrice dans une pièce vitrée éclairée
en permanence, branchent un monitoring cardiaque qui
20 clignote d'une lumière rouge et sur lequel défile le tracé des
battements de son cœur. Ils posent une intraveineuse qui la
nourrit et lui transmet les médicaments. Sous les néons, la chair
est blafarde, le corps, immobile ; des larmes glissent le long de
son visage.

25 Béatrice fait six embolies pulmonaires et passe un an dans cet
hôpital. Je la vois tous les jours, mais sans aucune joie. Je ne

---

2 **Saint-Gervais** *commune située en Haute-Savoie (Alpes)* – 5 **enfoncé** *ici* : tiefliegend –
7 **le sommeil** le fait de dormir – 13 **une camisole** *ici* : Krankenhauskittel – 14 **un
branchement** Anschluss – 14 **un cadenas** Verriegelung – 18 **vitré** → **une vitre** Fenster-,.
Glasscheibe – 20 **clignoter** blinken – 21 **un battement** → battre – 23 **blafard** ≠ coloré

comprends pas sa solitude. Je ne sais que dire. L'angoisse étouffe mon regard. J'arrive le matin vers onze heures. Elle est contente de me voir, malgré mon silence. À midi, je dois sortir, m'échapper. Je suis rue Saint-Antoine.

5 J'ai repéré un bistrot sans âge. L'énorme patronne tient les fourneaux. Son mari, amaigri par l'alcoolisme, ne s'exprime plus qu'en secouant coudes et épaules, comme un poulet. Je m'assieds toujours à la même table. La patronne me prépare une entrée spéciale et son fameux plat du jour. La chaleur 10 m'engourdit. Je m'éteins.

L'après-midi, je retrouve Béatrice sous son néon. Je lui décris la rue, le bistrot, ses odeurs, le menu. Ce sera le rituel d'une année. Je travaille au bureau sans relâche. Je fais mes dix heures en décalé, week-end y compris.

15 Elle attend davantage de moi, notamment que je l'accompagne dans sa foi. Mais je reste obstinément muet. Seule ma présence auprès d'elle me protège de l'angoisse. Le professeur Slama juge impérative la pose d'un clip-cave*.

Après avoir mesuré le risque d'une embolie fatale et considéré 20 la faible probabilité des suites néfastes de l'opération, nous choisissons l'intervention chirurgicale.

Ils promettent à Béa que l'opération du cœur ne laissera qu'une petite marque. Plus jamais elle ne se baignera en Bikini : la cicatrice démarre au milieu du sternum et descend jusqu'au-25 dessus de la fesse droite en formant un large arrondi. Elle gardera jusqu'à la fin cet immense trait violet. Je serai le seul à connaître son secret.

---

* Filtre posé sur les veines caves inférieures pour éviter la remontée des caillots de sang.

1 une angoisse une peur, anxiété – **1 étouffer** ersticken – **5 repérer** apercevoir – **6 tenir les fourneaux** am Herd stehen – **7 secouer** schütteln – **10 s'éteindre** ici : s'endormir – **16 la foi** croire en Dieu – **20 néfaste** mauvais, négatif – **24 une cicatrice** Narbe – **24 un sternum** Brustbein – **26 un trait** une ligne

Quand elle sort enfin du bloc opératoire, ses yeux sont clos.
Je lui prends la main. Nous avons gagné...
Des années de souffrance.

*

5   Laetitia a quatre ans. Nous passons nos vacances en Corse
avec des cousins, sur un immense bateau à voile.
       Seuls les six cachets quotidiens de la chimiothérapie nous
rappellent la maladie de Béatrice.
       Ce jour-là, elle nage la brasse avec sa fille. Toutes deux rient
10   en s'éclaboussant. Elle est resplendissante. Quand elle s'érafle
la cheville sur un rocher, elle pousse juste un petit cri et remonte
sur le bateau pour nettoyer l'égratignure. Cette blessure ne
cicatrisera jamais. C'est un « effet secondaire » qu'on nous a
dissimulé.

15   Le cancer de Béa épaissit son sang, la chimio le fluidifie. Un
ulcère se nécrose au-dessus de la cheville droite, puis de la
gauche. Le cancer devrait plus nous préoccuper. Pourtant, ce
sont ces horribles ulcères qui traumatisent Béa au cours de sa
maladie. Elle est hospitalisée à Paris en moyenne six mois par
20   an. Ses parents assurent une permanence à laquelle j'essaie de
suppléer jusqu'au bout de mes forces. Elle a toujours le sourire
pour moi. Je lui apporte des cassettes enregistrées par Laetitia,
tout le courrier auquel nous nous obligeons à répondre, des
nouvelles de l'extérieur.
25   Sa mère, médecin, est révoltée par les tentatives des divers
professeurs pour « soigner » les ulcères. Une vraie boucherie.
Béa en pleure de douleur.

*

7 **un cachet** Tablette − 9 **la brasse** Brustschwimmen − 10 **s'éclabousser** sich (mit
Wasser) bespritzen − 10 **s'érafler qc** sich etw aufschürfen − 12 **une égratignure** → une
éraflure − 15 **épaissir qc** etw dicker machen − 15 **fluidifier** dünnflüssig werden − 16 **un
ulcère** Geschwür − 16 **se nécroser** absterben − 16 **une cheville** Knöchel − 17 **préoccuper
qn** rendre qn soucieux, nerveux − 21 **suppléer à qc** etw ersetzen − 26 **une boucherie** *ici* :
Gemetzel

Combien de fois m'a-t-elle mordu jusqu'au sang pendant qu'on la charcutait ? Quelques minutes après, c'est oublié, elle est chez elle, parmi les siens. Ce professeur l'a rendue à la vie en la faisant hospitaliser à domicile.

5   Je dois désormais la protéger.

---

1 **mordre qn/qc** jdn/etw beißen − 2 **charcuter qn** *fam* an jdn herumschnippeln

La Pitance

Le groupe Moët et Chandon me propose un poste confortable en Champagne.

Nous partons pour la belle « Pitance ».

5 Je représente la onzième génération de la famille fondatrice. La douzième, un bébé que nous prénommons Robert-Jean, rejoint la famille dès notre arrivée en Champagne. Cette fois, Laetitia fait partie du voyage à Bogota. Elle reste marquée par la misère des enfants de son âge, qui mendient, en haillons, le long 10 des rues.

*

Nous passons onze ans à la Pitance. Béatrice en est la reine, Laetitia la princesse et, très vite, Robert-Jean, l'héritier.

Malgré la maladie de Béatrice et le travail harassant, nous 15 vivons tous les quatre des années de bonheur.

Je suis nommé directeur délégué de Pommery, à Reims. Le matin, je conduis Laetitia sur une petite route tortueuse et glissante à travers bois. Plus je vais vite, plus son sourire s'élargit. Notre jeu consiste à ne freiner qu'au dernier moment dans les 20 virages, à dépasser les 160 kilomètres à l'heure sur la moindre ligne droite et à doubler tout ce qui traîne. Je n'ai pas le droit de la déposer devant son école avec ma belle voiture. Je la laisse au coin de la rue pour qu'elle arrive anonyme auprès de ses camarades. Quelques soirs, elle me rejoint au bureau.

25 Je la présente à l'équipe. Elle s'installe face à moi et « travaille ». Nous sommes inséparables. Béatrice en souffre.

---

1 **la Pitance** *nom de la maison où habite la famille* – 2 **Moët et Chandon** *nom d'une maison qui fabrique du Champagne* – 5 **fondatrice** → **fonder qc** etw gründen – 9 **mendier** betteln – 9 **des °haillons** Lumpen 13 **un héritier** Erbe – 14 **harassant** très fatigant, éreintant – 17 **tortueux** sehr kurvig – 18 **s'élargir** devenir plus large – 20 **le/la moindre** geringste/r – 21 **traîner** *ici :* rouler lentement – 22 **déposer qn/qc** jdn/etw absetzen

La dernière fête se déroule à l'occasion des treize ans de notre fille.

J'organise un feu d'artifice qui laisse Laetitia et ses amis médusés. Aucun des adolescents ne dort cette nuit-là. Leurs cris résonnent dans le vignoble.

À l'époque, Laetitia est déjà une vraie pianiste. Elle doit passer un concours. J'aurais aimé, j'aurais dû y assister. Mais je n'ai pas pu. Retenu le jour J par des impératifs professionnels, je me brise la nuque.

3 **un feu d'artifice** Feuerwerk – 4 **en rester médusé** erstarren – 5 **résonner** → sonner – 5 **un vignoble** Weinberg – 8 **le jour J** jour où qc d'important doit se passer – 8 **un impératif** un rendez-vous très important – 9 **une nuque** Nacken

Troisième partie

Le saut de l'ange

Les ailes brisées

Béatrice est hospitalisée à domicile, tranquille, dans sa belle
5 Pitance. Tous les jours, je me lève à six heures trente pour courir.
Chaque jour la distance s'allonge ; au bout d'un mois, je suis
capable de parcourir une boucle de trois kilomètres sans
m'arrêter, à travers la forêt et les vignes.

Bientôt, parcourir deux fois la même boucle ne me suffit plus.
10 Alors, un jour, au bout de la vigne, au lieu de revenir, je
m'enfonce dans la forêt, par la droite, une côte difficile et
glissante. En quelques mois je la monte sans m'arrêter. Tous les
matins, j'avale dix kilomètres. C'est Radowski, notre teckel, qui
me suit à présent.

15 Par la suite, un ami m'accompagne. Il plaisante, il est
infatigable ; moi, j'économise mes forces. Le week-end, nous
courons vingt kilomètres, bientôt trente. Une renaissance. Du
haut de ses trois pommes, mon fils de sept ans trottine sans
effort à mes côtés.

20 Aujourd'hui, je le regarde partir tout en légèreté et résistance.
Je lui ai donné le goût de l'effort de fond.

J'ai couru sur tous les continents du monde.

---

2 **un saut de l'ange** Kopfsprung mit ausgebreiteten Armen – 3 **une aile** Flügel –
3 **briser** casser – 7 **une boucle** *ici :* un tour – 8 **une vigne** → un vignoble – 13 **un teckel**
Dackel – 16 **économiser qc** sparsam mit etw umgehen – 18 **être °haut comme trois
pommes** *fam* ein Dreikäsehoch sein – 18 **trottiner** trippeln – 21 **le fond** *ici :* Langstrecke

Je parcours maintenant cinquante kilomètres chaque week-end. Béatrice est couchée, les jambes ensanglantées. Je lui apporte le petit déjeuner avec du pain frais pris sur le chemin du retour. Elle se redresse sur ses oreillers ; je l'embrasse, dégoulinant de sueur. Elle est contente : je suis là pour la première séance de scalpel de la journée. De nombreuses années auparavant, elle courait devant moi dans le parc du lac Michigan, à Chicago. Je tenais à rester derrière pour la voir se dandiner. De temps en temps, j'allongeais la main pour lui pincer les fesses, elle poussait un petit cri et saisissait l'occasion pour s'arrêter.

Nous passons un mois de février chez des amis, à Chamonix, dans une ancienne ferme.

Mon ami Titi nous présente son beau-frère, dans le plâtre des orteils jusqu'à l'épaule. Il s'amuse en évoquant son accident de parapente : un copain, parti avec un nœud dans ses suspentes, est rabattu contre la paroi ; le beau-frère de Titi veut le secourir, mais il se fracasse contre la montagne ; son ami, lui, s'en sort avec quelques égratignures. Il rit de cette bêtise comme il rit encore d'un accident qui lui est arrivé deux mois plus tôt aux commandes de son petit avion, avec la fille de son patron. Le moteur a disparu dans le vide – un boulon mal serré. Il a réussi à rejoindre le lac d'Annecy ; ce qui leur a ainsi permis de gagner les berges à la nage. Ils ne doivent leur survie qu'à son sang-froid. Un gentil fou. Il m'initie au parapente en me jetant d'une falaise.

Je cours et je vole. Il me faut quelques années et plusieurs stages de survie pour maîtriser toutes les étapes du vol. Je suis

---

2 **ensanglanté** plein de sang – 4 **se redresser** se remonter, se mettre droit –
5 **dégouliner** couler lentement – 5 **la sueur** → la transpiration – 9 **se dandiner**
watscheln – 10 **pincer qn/qc** jdn/etw kneifen, zwicken – 14 **un plâtre** Gips – 16 **un
parapente** Gleitschirm 16 **un nœud** Knoten – 16 **une suspente** Fangleine – 17 **une paroi**
Felswand – 17 **secourir qn** venir au secours, à l'aide de qn – 18 **se fracasser contre qc**
gegen etw prallen – 22 **un boulon** Schraube – 24 **une berge** le bord d'une rivière – 24 **le
sang-froid** Kaltblütigkeit – 26 **une falaise** Felsen

maintenant capable, à mille mètres d'altitude, de mettre ma voile en torche, de la rouvrir patiemment et de rétablir la situation à quelques mètres du niveau de l'eau (comme je l'apprendrai à mes dépens, c'est moins dangereux sur l'eau !).
5 La durée de mes vols s'allonge. Je me pose au bout de cinq heures, épuisé. Que c'est bon de repérer à un bruissement de feuilles la bulle d'air chaud, de s'enrouler à l'intérieur jusqu'à ce qu'elle vous relâche, l'estomac dans les talons, trois ou quatre mille mètres au-dessus du point de départ ! J'aime les buses, qui
10 indiquent, elles aussi, les colonnes d'air chaud. De temps en temps, quand je vole au-dessus de leur nid, elles m'attaquent en piqué. Une fois, je survole le Mont-Blanc. Il est éclatant à mes pieds. Un aigle immense me surplombe.

Je suis fou de parapente. Je pars dans la montagne avec un sac
15 à dos. Je m'arrête là où la beauté m'appelle. Au début, je porte même une casquette et une cravate ; j'ai perdu trop de casquettes et abîmé trop de cravates. À présent, j'ai des centaines de vols derrière moi. Je déroule crânement ma voile pendant que les autres s'agitent. J'observe l'herbe : je mesure
20 les intervalles entre les bulles d'air chaud qui viennent l'aplatir. J'anticipe la prochaine, donne un simple mouvement de reins pour monter la voile juste au-dessus. C'est parfait ! Pendant que les autres amateurs s'élancent en tanguant dans le trou, je donne un petit coup de frein et m'élève comme un hélicoptère
25 dans la bulle chaude que j'avais prévue.

Je me dirige en plongeant le haut du corps vers l'avant. Je crie ; je suis un aigle. Le bout droit de l'aile se relève en frémissant, je bascule le corps, la jambe gauche croisée sur la droite, la main gauche légèrement en avant, la droite à peine enfoncée vers

---

1 **une altitude** la hauteur dans les montagnes – 2 **une torche** Fackel – 4 **aux dépens de qn/qc** auf Kosten von jdm/etw – 9 **une buse** Bussard – 11 **un nid** Nest – 11 **en piqué** im Sturzflug – 13 **un aigle** Adler – 13 **surplomber** dominer – 17 **abîmer qc** etw beschädigen – 18 **dérouler** qc etw abrollen – 18 **crânement** fièrement – 20 **aplatir qc** glätten – 21 **un rein** *ici* : le bas du dos – 23 **tanguer** schwanken – 26 **plonger** stürzen 28 **basculer** *ici* : kippen

l'arrière. Je m'enroule, m'enroule encore, m'enroule toujours, jusqu'à ce que la colonne d'air chaud m'éjecte par le haut, juste sous un nuage, la plupart du temps. C'est interdit, mais j'aime aller me perdre à l'extrême limite de la portance. Personne ne
5 me suit aussi haut. Je sors de mon nuage, choisis une direction pour rebondir sur une autre colonne. Je m'allonge en arrière, tends les jambes vers l'avant pour avoir le meilleur coefficient de glisse et allume une cigarette. Il m'arrive même d'en rouler une. J'ajuste les écouteurs du walkman sur mes oreilles. Que de
10 vols ai-je faits en chantant *Norma* à pleins poumons !

Je vole sans fin, à des milliers de mètres au-dessus des autres voiles, au-dessus des montagnes. Deux Mirage passent sous mes pieds. Un planeur me croise dans un sifflement vertigineux. J'ai eu peur. Je suis au-dessus de la Suisse, sans passeport. Je
15 grignote une barre de chocolat et me désaltère à la pipette placée sur le côté de mon casque. Je n'ai plus envie de descendre. La radio m'appelle ; je pensais les avoir tous mis au tapis. C'est Étienne. Il n'a que seize ans ; il est au sol, quelques milliers de mètres en dessous ; il a repéré ma voile. J'enroule trois fois la
20 lanière du frein autour de ma main droite, bascule le corps en bloquant cette main sous la sellette et la voile s'enfonce de plus en plus vite ; elle est maintenant verticale, je tourne autour à l'horizontale. La voile et moi-même plongeons à toute vitesse dans un ballet infernal. Mille mètres, deux mille mètres, trois
25 mille mètres de chute vertigineuse, maîtrisée. Je redresse la main quelques centaines de mètres au-dessus de l'axe d'atterrissage.

---

4 **la portance** Auftrieb – 6 **(re)bondir** aufspringen – 7 **tendre qc** strecken – 7 **un coefficient** facteur – 9 **ajuster qc** positionner qc – 10 **à pleins poumons** aus voller Kehle – 12 **un Mirage** un avion militaire – 13 **un planeur** un avion sans moteur – 13 **croiser qn/qc** → une croix – 13 **vertigineux** schwindelerregend – 15 **grignoter** *ici :* manger en petite quantié – 15 **se désaltérer** boire qc – 15 **une pipette** dispositif qui permet de boire à petites quantités – 17 **mettre qn au tapis** *fig* vaincre qn – 18 **un sol** par terre – 20 **une lanière du frein** Bremsleine – 21 **une sellette** *ici :* Sitz – 27 **un atterrissage** →**atterrir** arriver sur le sol

Je me lève alors dans ma sellette, attrape à pleines mains toutes les suspentes de la voile, sans les deux du milieu ; je me rassieds, rabats la voile qui flotte sur les côtés et ne laisse gonflé que le caisson central.

5   Je m'enfonce vers le point d'atterrissage. À vingt mètres du sol, je libère la voile en agitant les freins ; elle se regonfle à quelques centimètres du sol et me dépose, tel un papillon sur sa fleur.

Je vis en trois dimensions, comme un ange.

10   Un jour, je me suis écrasé entre l'herbe verte et l'enfer.

---

3 **rabattre qc** etw (ein-)klappen – 4 **un caisson** *ici :* Luftkammer – 10 **s'écraser** abstürzen

Vols affolés

Je suis allongé contre la montagne, juste un peu engourdi. J'ai dû perdre connaissance. Max et Yves, mes compagnons de parapente, ont posé leur voile à côté de la mienne. Le docteur
5 Max prend les choses en mains : il creuse un trou devant mon visage pour me permettre de respirer et alerte la station par radio. Je ne comprends pas pourquoi ils ne me touchent pas. Je leur parle, ma respiration est calme, alors pourquoi me demandent-ils sans arrêt si je peux respirer ? Un brin d'herbe
10 me chatouille le nez, j'éternue, je ris. Max pique une colère contre la radio. Il exige un hélicoptère de Grenoble, pas de Chambéry ; Chambéry est pourtant plus près. Yves me parle comme à un enfant ; il a l'air de trembler. Il me semble que je ne peux plus bouger !

15 Je replonge dans l'inconscience. Un vacarme me réveille. C'est l'hélicoptère qui cherche à se stabiliser, confronté à la force des vents. Un médecin et un pompier sautent de l'appareil qui reprend de l'altitude et reste au-dessus de nous. Je ne sens rien. Ils vont m'emmener, les copains et les autres vont rester derrière.
20 J'appelle Yves, j'ai compris qu'il y a un problème. Je lui demande de téléphoner à Béatrice immédiatement, de lui dire que ce n'est pas grave, que je l'aime, qu'il n'y a jamais eu qu'elle, qu'elle est ma lumière. « Appelez mes parents, dites-leur d'être gentils avec elle, de ne pas la laisser prendre la route toute seule. » Pendant
25 dix ans, ils ont refusé ce parapente ; ils ont même dit un jour qu'ils ne s'occuperaient pas des enfants en cas d'accident. Béatrice pleure, je devrais réagir mais je suis coupable. Je pleure auprès d'Yves, je veux qu'il répète ce message à mes parents : « Prenez en charge les miens. » Yves me calme, je lui donne le
30 numéro de téléphone de ma secrétaire pour qu'elle annule tous

---

1 **affolé** paniqué – 9 **un brin d'herbe** Grashalm – 10 **chatouiller** kitzeln – 10 **éternuer** niesen – 15 **l'inconscience** f Bewusstlosigkeit – 15 **un vacarme** un grand bruit – 17 **un pompier** Feuerwehrmann – 29 **prendre qn/qc en charge** s'occuper de qn/qc

les rendez-vous prévus le soir même en Italie, le lendemain en Suisse, le surlendemain en Allemagne.

L'hélicoptère envoie un câble. Avant d'être treuillé, je demande pardon à Yves d'avoir gâché la journée. Je balance dans les airs,
5 le copilote se penche pour me saisir et me hisse à bord. On ne s'entend plus dans la carlingue. Ils me mettent un masque à oxygène.

À Grenoble, nous atterrissons sur le toit de l'hôpital. Je suis amené au pas de course dans la salle d'anesthésie, les visages
10 se penchent sur moi, nous conversons. Un homme, ce doit être le chirurgien, interrompt nos mondanités d'un « ce n'est pas tout, ça urge ». Ce sont les dernières paroles que j'entends avant longtemps.

J'apprendrai par la suite combien l'opération fut difficile.
15 Béatrice et mes parents parviennent à rejoindre l'hôpital en quelques heures ; ils sont accueillis par le chirurgien. « Il a une chance sur cinq de s'en tirer. »

Après l'opération, mon corps refuse de respirer. Ils me plongent dans un coma artificiel pendant un mois, afin que
20 la machine à respirer fonctionne sans être rejetée par l'organisme.

Pendant tout ce mois, Béatrice reste à mon chevet, me raconte des histoires, au grand énervement des chirurgiens, qui jugent tout ceci inutile. Béatrice continue sans relâche. Elle organise

---

3 **treuiller qn/qc** monter qn/qc avec un *treuil* (Seilwinde) – 4 **gâcher qc à qn** jdm etw verderben – 5 **se pencher** sich (nach vorne) beugen – 5 **°hisser qn /qc** élever, monter – 6 **une carlingue** cockpit – 11 **interrompre qn/qc** arrêter, mettre fin à qc – 12 **urger** être urgent – 19 **artificiel** ≠ naturel – 20 **rejeter qc/qn** jdn/etw zurückweisen – 22 **rester au chevet de qn** an jds Bett wachen – 24 **une relâche** un arrêt, une pause

son offensive pour me sortir de là. Elle contacte Fred Chandon, mon big boss, et André Garcia, l'ex-boss devenu ami. Ils me font admettre à l'hôpital de La Pitié-Salpêtrière à Paris. J'y reste plus de deux mois.

5 Encore quelques jours de coma et le professeur Viars opte pour une « parenthèse médicale ». Cela consiste à supprimer du jour au lendemain la totalité des médicaments octroyés, y compris les quatre-vingts gélules d'Imovane qui me maintiennent dans le coma.

10 Le choc est violent. Pendant une semaine j'oscille entre quarante et quarante et un de fièvre. Une hépatite se déclare mais, peu à peu, je « reprends conscience ».

Je reviens sur terre sous les yeux de Béatrice penchée sur mon berceau en verre ; je ne me souviens pas de ses paroles, juste
15 de son regard. Pendant plusieurs semaines, je flotte dans un monde imaginaire.

Béatrice aménage le défilé permanent des proches. Ils viennent s'insérer dans les cauchemars qui m'habitent.

*

20 La réalité de mes visions est si forte que tout s'intègre en un monde virtuel.

---

3 **admettre qn /qc** accepter qn /qc − 5 **opter pour qc** → une option − 6 **une parenthèse médicale** faire une pause de médicaments (**une parenthèse** Klammer) − 7 **octroyer qc** donner qc − 8 **une gélule** Kapsel − 8 **Imovane** ® nom d'un somnifère, médicament pour dormir − 10 **osciller** schwanken − 14 **un berceau** un lit de bébé

Je suis à bord d'une petite embarcation motorisée. Ma course se termine à la rame. J'accoste juste de l'autre côté de ma chambre d'hôpital. Puis, un bruit assourdissant me transfère dans la carlingue d'un Mirage 40 piloté par un Espagnol. Je comprends
5 *plus tard que l'Assistance publique a embauché un Espagnol pour réduire ses dépenses. Le pilote doit me faire franchir le mur du son en piqué hors du territoire français. Tous les jours, je monte dans cet engin. J'en reviens lessivé, mais reposé. Finalement, l'appareil me dépose en Égypte, à l'est d'Alexandrie.*

10 *Le charioteur de l'hôpital me fait visiter les faubourgs de la ville. Il m'installe dans un café qui a tout d'une taverne médiévale. C'est une grande salle en bois disposée comme un centre commercial de plusieurs étages. Les gens viennent s'y entasser pour grignoter de la cuisine chinoise et prendre des bains turcs.*
15 *D'autres, comme moi, sont allongés dans un espace réduit. On nous passe le narguilé.*

Le charioteur m'emmène dans la salle de bains, toute de céramique blanche. Les jets de vapeur passent au-dessus de ma tête. J'essaie de me hisser sur les coudes, mais je glisse vers
20 *l'écoulement au centre de la pièce. Le charioteur m'a laissé. Je crie pour me dégager de l'aspiration, mais en vain.*

Mirages, délires. Quand j'ouvre les yeux, je n'ai plus de corps !

*

Pourtant il m'arrive de rire à me faire pêter les tuyaux avec mon cousin Nouns qui vient tous les jours.

25 *

---

1 **une embarcation** un bateau – 2 **une rame** Ruder – 2 **accoster** arriver à la côte –
3 **assourdir** rendre qn sourd – 5 **l'Assistance publique** Sozialamt – 5 **embaucher qn**
employer qn, lui donner du travail – 6 **le mur du son** Schallmauer – 8 **un engin** une
machine – 8 **lessivé** *fig* très fatigué – 10 **un charioteur** → un chariot – 11 **médiéval** du
Moyen-Age – 13 **s'entasser** se retrouver nombreux – 16 **un narguilé** Wasserpfeife –
18 **un jet** Strahl – 18 **la vapeur** Dampf – 20 **un écoulement** Abfluss – 21 **en vain** sans
succès – 22 **un mirage** une illusion d'optique

Le soir, l'infirmière m'explique qu'on a changé mon traitement et augmenté le Prozac.
Le lendemain, j'ai du mal à me réveiller ; je suis engourdi. Même mon pied gauche ne réagit plus.

5   Béatrice essaie d'éveiller mon intérêt en me racontant des histoires de famille, en lisant des journaux, en allumant la télé sur le canal de l'hôpital, mais en vain.

*

Mes hallucinations se poursuivent, deviennent inquiétantes
10 et angoissantes. Je n'en peux plus.

*

Je suis dans mon lit d'hôpital, immobile. Béatrice est là qui me parle des enfants. Les sanglots m'étouffent. Béatrice me demande si j'ai mal.

15 Tout bascule. J'entre dans un profond mutisme. Finalement, une nuit, bouffé par la culpabilité, incapable d'accepter mon état, terrifié par la folie qui me gagne, je décide de me supprimer. Mais un tétraplégique peut difficilement se suicider.
Je réussis à entourer le tuyau d'oxygène autour de mon cou.
20 Je tire la tête en arrière. Je perds conscience. Une lueur vive me réveille. Les infirmières, alertées par l'alarme de la machine, me rebranchent, comme si de rien n'était. Dès lors commence le silence.

---

2 **le Prozac®** nom d'un médicament contre la dépression 16 **bouffer** *fam* manger – 16 **la culpabilité** le sentiment d'être coupable – 17 **se supprimer** se suicider – 19 **entourer qc/qn** mettre autour de qc/qn – 19 **un tuyau** Schlauch – 20 **une lueur** une petite lumière – 22 **rebrancher** → **brancher** anschließen

Kerpape

Accompagné par Béatice, je passe une année dans un centre de rééducation sur la côte Bretonne. Elle m'accompagne dans tous mes déplacements, m'encourage dans tous mes exercices.
5 Nous avons des journées chargées.

Il m'a fallu des mois pour apprendre à m'asseoir. Maintenant je suis pratiquement allongé dans le fauteuil, la commande sous le menton. Rapidement, je deviens un as du volant et rivalise avec les enfants du centre, qui n'ont peur de rien. Cette jeunesse
10 a beau souffrir atrocement, elle rit, elle est gaie. Son rire contamine les adultes. Comment ne pas être gagné par l'immense espoir qui règne dans ce centre ? Chaque patient est un cas unique. À la base de la hiérarchie, les « genoux », ceux qui remarcheront un jour. Ils se mettent à la disposition des
15 tétraplégiques, définitivement au sommet de la paralysie. D'autres sont dans des tours de plâtre ; des structures métalliques dépassent du haut de leurs crânes. Ils sont si fragiles qu'on a dû les bétonner.

Béatrice a un mot gentil pour tous ; elle passe parfois du
20 temps avec ceux qui n'ont pas le moral. On sait quand ils dépriment : ils sont absents de la cantine et préfèrent rester seuls pour pleurer dans leurs chambres ; elle cherche alors à savoir si elle peut leur rendre visite. Le personnel soignant est d'une douceur, d'une gentillesse inimaginables dans le milieu
25 hospitalier.

Les tétras ont un problème : le dérèglement thermique. Malgré les brûlures neurologiques qui me consument en

---

3 **une rééducation** Rehabilitation – 8 **un menton** Kinn – 10 **atroce** terrible, horrible –
12 **régner** herrschen – 15 **le sommet** *fig* le point le plus haut d'une montagne –
17 **dépasser de qc** aus etw herausstehen – 17 **un crâne** Schädel – 20 **ne pas avoir le
moral** être très malheureux – 26 **un tétra** *abrév* tétraplégique – 26 **un dérèglement**
Deregulierung

surface, j'ai souvent les os froids. J'ai l'impression d'être un steak congelé qui vient de faire un aller-retour dans une poêle brûlante et qu'on mange encore croustillant de glace !

L'eau de la piscine est à 33 °C, pour que nous n'ayons pas froid.
5 J'ai l'impression d'être un cosmonaute en apesanteur. Rien ne me retient, je pourrais me retrouver la tête en bas sans pouvoir réagir. Deux bouées me maintiennent sous les bras, une autre autour du cou. Mes douleurs semblent diminuer; je flotte, l'eau caresse mon visage. Le bruit des enfants résonne ; je me laisse
10 aller à une douce torpeur.

Lors des repas à la cantine, les fortes personnalités se révèlent ; d'un bout à l'autre de la salle, on s'envoie des histoires drôles. Tous les jours, un patient fait une « fausse route » : il se remplit les poumons au lieu de se remplir l'estomac. On peut
15 en mourir. Le personnel soignant se précipite. Les autres attendent en silence. Quand la situation est rétablie, les rires reprennent de plus belle. Ils ont tous conscience de leur fragilité. Chacun respecte la souffrance de l'autre. Il existe entre nous une véritable fraternité.

20 Nos enfants vont à l'école de Larmor-Plage. Ils font partie de la grande famille de Kerpape.
Que de tristesse pour tous ces jeunes généralement amoureux, fiancés, voire récemment mariés, qui se retrouvent seuls. Ce sont surtout les hommes qui abandonnent les femmes cassées.
25 Mais il y a aussi parfois des femmes qui craquent.

---

2 **congeler qc** etw einfrieren – 2 **une poêle** Pfanne – 3 **croustillant** knusprig – 5 **une apesanteur** Schwerelosigkeit – 7 **une bouée** Rettungsring – 8 **flotter** se laisser aller sur l'eau – 10 **une torpeur** être comme endormi – 16 **rétablir qc** wiederherstellen – 24 **cassé** ici : handicapé – 25 **craquer** fam ici : zusammenbrechen

À l'hôpital, j'ai découvert la misère de la douleur, la solitude des estropiés, l'exclusion des vieux, des non-productifs, la perte d'innocence de tant de jeunes. Jusqu'à ce que l'accident me fasse entrevoir l'immensité de cette souffrance, j'en étais
5 protégé ! Certains jeunes passent un an dans ces centres. Ils n'ont ni télévision, ni radio, ni visite. Ils se cachent pour pleurer leur désarroi, leur culpabilité, le sentiment d'une extrême injustice.

*

10 Béatrice, qui ne m'a pas quitté depuis seize mois, est éreintée. Sa maladie semble s'être arrêtée. C'est un piège ; plus Béatrice se dépense pour moi, plus lourde sera la facture.

Je suis bien à Kerpape. Béatrice est l'amie de tous, nos enfants se partagent les patients. Je continue à suivre les affaires du
15 groupe. Je prends des décisions ; j'ai l'impression d'être aux commandes. Béatrice doit se reposer. Il faut qu'elle change de décor, qu'elle retrouve ses repères. Elle ne veut pas me quitter. J'insiste. Elle s'accorde trois semaines en Corse. C'est un désastre pour elle, comme pour moi. Je n'ai pas fait le deuil de
20 mon corps, je ne tiens que par sa présence. La dépression s'installe. Je m'enfonce dans le lit. Je perds l'usage de la parole.

Je n'ai pas encore donné un sens à l'accident. Après le départ de Béatrice, un silence trouble s'installe. Les psys tentent de me soulager. Me suis-je écrasé pour échapper aux dernières
25 souffrances de Béatrice ? Ai-je offert ma tête sur un plateau au groupe qui, pour la première fois en cinquante ans, nous récla-mait des licenciements par centaines ? Pour moi qui ai toujours

---

2 **un estropié** un °handicapé – 7 **un désarroi** un doute, une panique – 11 **un piège** Falle – 12 **une facture** Rechnung – 18 **insister** nicht locker lassen – 19 **un deuil** Trauer – 23 **un psy** *fam* un psychologue – 25 **un plateau** *ici* : Tablett – 27 **un licenciement** Kündigung

cherché l'extrême, n'était-ce qu'une accélération de trop ? Ai-je voulu me rapprocher de Béatrice, partager ses souffrances, vivre ses angoisses ? Peut-être. En son absence, je n'existe pas.

Je n'ai plus de volonté, je n'ai aucune envie. Seule l'habitude me maintient en lévitation sur le lit fluidisé. Je voudrais dormir, mais n'y parviens pas. Des pensées me harcèlent. Je l'ai si souvent portée pour la soulager ; je l'ai si souvent fuie, aussi, emporté à tire-d'aile par l'angoisse. Comment ai-je pu être si lâche ? J'aimerais disparaître.

Dans ses lettres quotidiennes, je lis son épuisement : les enfants turbulents et la solitude corse la fatiguent énormément.

J'ai peur pour elle.

Jamais nous n'avions imaginé un tel désastre.

---

1 **une accélération** une augmentation de la vitesse – 5 **une lévitation** freies Schweben – 5 **un lit fluidisé** *spezielles medizinisches Bett, das Wundliegen verhindern soll* – 6 **harceler qn** jdn belästigen – 8 **à tire-d'aile** pfeilschnell – 9 **lâche** ≠ courageux – 10 **quotidien** tous les jours – 10 **un épuisement** une extrême fatigue

Abdel associé

Après une année de rééducation en Bretagne, nous abandonnons la Pitance. Béatrice nous installe dans un beau rez-de-jardin en plein Paris. Elle fait les travaux, aménage tout.
5 Mon beau-père s'est adressé aux services des Armées pour que Jean-François, jeune légionnaire blessé lors de la guerre du Golfe, m'assiste dans tous mes mouvements. Il est taciturne. Il vit avec un chien-loup. Tout se passe bien pendant trois mois, jusqu'à ce que Béatrice soit à nouveau hospitalisée. Je demande
10 à Jean-François de passer me prendre à l'hôpital à huit heures du soir. À onze heures, il n'est toujours pas arrivé. Il se pointe enfin, sans un mot, m'installe en vrac dans la camionnette aménagée. Le trajet s'effectue sur le mode « Pozzo, le retour ». Il ne s'arrête à aucun feu rouge. Mon fauteuil glisse de part et
15 d'autre de la bétaillère. Soudain, au feu vert, il tire le frein à main, se met en travers de la chaussée, descend en tirailleur de la voiture, toujours sans un mot. Il tabasse les deux occupants de la voiture qui auraient cherché à le dépasser durant ses zigzags. Il remonte, définitivement muet, pour me « ramener » à la
20 maison. Moi, rivé à terre, j'enrage, impuissant ; j'attends qu'il m'ait recouché avant de lui annoncer que ses services s'arrêtent là.

Il m'explique avec dignité qu'il s'est remis à boire. Nous nous séparons en bons termes.

25 Abdel se présente le premier, en réponse à une annonce passée par l'ANPE. Ils sont quatre-vingt-dix dont un seul Français ; je procède par élimination et ne retiens qu'Abdel et le Français, chacun pour une semaine d'essai. Je sens chez Abdel

---

1 **associé** *ici :* compagnon – 4 **un rez-de-jardin** un appartement qui se trouve au niveau du jardin – 7 **taciturne** qui parle peu – 11 **se pointer** *fam* venir – 12 **en vrac** lose – 13 **un trajet** un parcours – 15 **une bétaillère** une voiture pour les animaux – 16 **une chaussée** une route – 16 **un tirailleur** un soldat, un militaire – 17 **tabasser qn** *fam* frapper qn – 20 **river** *fig* fesseln – 24 **en bons termes** en bons amis – 26 **ANPE** (Agence Nationale pour l'Emploi) ≈ Bundesagentur für Arbeit – 27 **procéder par élimination** nach dem Ausschlussverfahren vorgehen

une personnalité, une intelligence des situations et quelque chose de quasi maternel. En plus, il fait bien la cuisine, même s'il laisse tout en désordre.

Le Français a le malheur de me dire qu'introduire un
5   musulman chez soi, c'est comme y laisser entrer le démon. Il n'aurait pas dû car j'embauche Abdel le jour même. Nous avons aménagé pour lui un studio de vingt mètres carrés au dernier étage. Il est bien payé, nourri, logé, « blanchi ». C'est la première fois de sa vie, m'avoue-t-il un jour, qu'on le traite avec respect.
10 Il a fait des petits boulots payés au lance-pierres.

Comme il est d'un orgueil sans limites – ce que je découvre par la suite –, il lui arrive de claquer la porte de ses employeurs dès la première journée, en les frappant au besoin pour leur apprendre les bonnes manières.

15 Il m'a parlé une seule fois de son traumatisme d'enfant. J'ai alors vu sur son visage des larmes de frustration. Ses parents avaient plus de dix enfants. Ils l'ont « donné », à l'âge de trois ans, à son oncle paternel qui, lui, n'en avait pas. C'était, paraît-il, la tradition en Algérie. Il ne l'a jamais accepté. Farouche
20 solitaire, il se sent accueilli dans notre famille.

Il en veut au monde entier. Il mesure un mètre soixante-dix et, pour compenser, a développé une force peu commune. Il cogne toute personne qui lui « manque de respect », homme ou femme : « On ne frappe pas une femme », lui dis-je. « Elle n'avait
25 qu'à pas me traiter de sale Arabe. »

Bien entendu, il ne mentionne pas le fait qu'il a accéléré lorsqu'elle traversait sur le passage piéton, qu'il lui a fait une queue de poisson ou qu'elle n'a pas répondu à son gringue.

---

8 **nourri, logé, blanchi** Kost, Logis und Wäsche frei – 10 **payer au lance-pierres** sous-payer – 11 **un orgueil** une fierté, arrogance – 12 **claquer une porte** fermer en faisant beaucoup de bruit – 19 **farouche** fanatique – 23 **cogner qn/qc** frapper qn/ qc – 25 **traiter qn de** qualifier qn de – 28 **faire une queue de poisson à qn** *(en voiture)* jdn schneiden – 28 **le gringue** *fam* un flirt

Certaines femmes refusent ses avances. Mais je suis étonné du nombre de femmes faciles. J'en ai même vu inscrire leur numéro de téléphone sur la paume de leur main en présence de leur mari – ce qui ne dérange d'ailleurs pas Abdel. Une autre
5 a accepté sa démarche en compagnie de sa mère et de sa fille.

Il faut dire qu'il est désopilant et possède un innocent culot qui doit titiller leur instinct protecteur, même s'il a l'air d'un petit diable.

Un après-midi, au téléphone, une femme hurle en sanglotant.
10 Je la calme puis lui demande de m'exposer son problème. Je n'en crois pas mes oreilles. Elle a rencontré Abdel pour la première fois cet après-midi. Elle lui a demandé de l'inviter au restaurant. « Pas de problème », a-t-il répondu. Surprenant car Abdel refuse d'entretenir ses conquêtes.

15 Il s'est arrêté par « hasard » au bord du cimetière du Père-Lachaise et a commandé un « apéritif ». La jeune femme, qui ne doit pas en être à sa première expérience, me décrit en long et en large l'exercice auquel elle a dû s'adonner pour satisfaire le besoin pressant de notre bougre. Une fois soulagé, il lui
20 demande de sortir quelque chose du coffre de la voiture... Il démarre sur les chapeaux de roues et l'abandonne. Je promets à l'ex-charmante d'engueuler Abdel.

Abdel rentre. Je lui raconte sur un ton réprobateur le témoignage que je viens d'entendre. Il met dix minutes à se
25 remettre d'un fou rire et conclut qu'il a économisé un repas et un apéritif. Il m'en raconte bien d'autres jusqu'à ce que je l'arrête, écœuré.

Il n'y en a qu'une qui le terrorise, ma chère Laetitia. Je dois lui téléphoner moi-même dans sa chambre pour ne pas obliger
30 Abdel à frapper à sa porte. Jamais, me dit-il, une fille ne l'avait traité comme ça ; ce qui lui fait le plus grand bien.

---

6 **désopilant** drôle, rigolo – 6 **un culot** *fam* Dreistigkeit – 7 **titiller qc/qn** chatouiller –
18 **s'adonner à qc** pratiquer qc – 19 **un bougre** *fam* un mec – 21 **démarrer sur les chapeaux de roues** *fam* partir à toute vitesse – 22 **engueuler qn** *fam* disputer qn –
23 **réprobateur** vorwurfsvoll – 24 **un témoignage** une déclaration

Quant à ses rapports avec les hommes, ils se résument à la loi du plus fort.

Il considère que, dans ce monde pourri, il faut être le plus vicieux.

5 Un après-midi, Abdel gare la voiture près de notre immeuble, devant le parking d'un voisin. Il repart vers l'appartement pour fermer les portes à clé. Je suis dans la voiture ; Laetitia est assise à la place du passager. Arrive une voiture immatriculée en corps diplomatique : le voisin. Il se met à klaxonner avec véhémence.

10 Cela n'accélère en rien les mouvements d'Abdel. Il vient même vérifier que je suis bien fixé sur mon siège. L'autre, cramoisi, se cramponne à son klaxon. Abdel s'avance lentement vers la porte du véhicule. Exaspéré, le voisin sort violemment de sa jolie Volvo et l'insulte. C'est un Américain qui dépasse notre larron d'une

15 bonne tête et de quelque trente kilos. Abdel le saisit par le col : « Qu'est-ce que t'as, toi ? » L'autre, dans un français approximatif, s'insurge contre son négligé et son manque de politesse. Premier coup de tête. L'Américain saigne des gencives. Il est fou furieux. Il exige de voir l'employeur de son agresseur. Abdel, un peu plus

20 blanc que d'habitude, indique que je suis à l'arrière de la voiture et surenchérit de deux énormes claques. Je suis recroquevillé dans mon fauteuil. Laetitia se couche sur la banquette, tant elle a honte. L'Américain, confus, recule jusqu'à son véhicule en s'excusant. Il libère la place pour nous laisser passer. Abdel rit

25 pendant cinq minutes ; cette altercation lui a fait du bien. Je crois qu'il n'est soulagé qu'après avoir distribué son compte de coups dans la journée.

---

4 **vicieux** immoral – 8 **immatriculer** déclarer avec un numéro – 9 **klaxonner** hupen – 11 **cramoisi** tout rouge – 12 **se cramponner** s'attacher, rester fixé – 13 **exaspéré** furieux, très en colère – 14 **un larron** *fam* un voleur – 17 **s'insurger contre qc / qn** se révolter contre qc/qn – 18 **une gencive** Zahnfleisch – 21 **surenchérir** *fig* noch einen Schritt weiter gehen – 21 **une claque** Ohrfeige – 21 **recroquevillé** zusammengekauert – 22 **une banquette** *ici :* Rücksitz – 23 **confus** beschämt – 25 **une altercation** une dispute, une querelle

Que je lui fasse la morale le surprend. Lorsque je donne des cours d'« éthique et gestion » aux classes préparatoires, il s'endort généralement au bout de cinq minutes ; lorsque je témoigne sur l'espérance dans les lycées ou les églises, il ronfle
5 debout.

Il est allé à l'école le moins longtemps possible, juste le temps de frapper un certain nombre de professeurs et d'assister au viol collectif d'un autre auquel, m'affirme-t-il, il n'a pas participé.

Il a vécu toute sa jeunesse dans une cité de la région
10 parisienne où l'on vit en apprenant à voler et à dealer. Il rit en évoquant les prisons françaises, de véritables hôtels. Selon ses dires, nombreux sont les habitants des cités qui y passent l'hiver pour être bien au chaud et en sortent l'été pour profiter des mauvais coups.

15 Il m'estime, je crois, parce que je considère qu'il est intelligent et mérite un avenir autre que misérable. Il perçoit notre milieu privilégié comme un monde extraterrestre, la seule réalité qu'il connaît étant la violence de la rue. Il élève néanmoins mon fils avec une grande gentillesse et Robert-Jean le traite comme son
20 grand frère.

Abdel ne dort jamais que quelques minutes, dans n'importe quelle position. Sa conduite d'une voiture est aussi extravagante que celle de sa vie. Il s'endort au volant. Cela m'angoisse ; je suis obligé de le maintenir éveillé. Malgré mes efforts, il provoque
25 quantités d'accidents, comme ce jour où je suis allongé sur le matelas anti escarre à l'arrière de la bétaillère. Nous roulons depuis déjà trois heures sur l'autoroute lorsqu'un immense fracas retentit. Je suis projeté entre la portière avant et le fauteuil du passager. Mon visage est couvert de sang, je ne peux plus
30 parler. Les pompiers arrivent, prodiguent leurs soins aux autres passagers. Un des pompiers ouvre la porte arrière, la referme :

---

2 **une classe préparatoire** école qui prépare en 1, 2 ou 3 années aux examens d'entrée des Grandes Ecoles – 4 **ronfler** schnarchen – 7 **un viol** Vergewaltigung – 16 **percevoir** voir – 18 **néanmoins** malgré tout – 26 **anti-escarre** gegen Wundliegen – 28 **un fracas** un bruit violent – 30 **prodiguer des soins à qn** jdn versorgen

« Il y a un macchabée ! » Abdel me dégage, redresse l'aile avant
à l'aide d'une barre métallique. Il repart comme si de rien n'était,
en vociférant contre cette femme qui lui aurait fait une queue
de poisson. En fait, il s'était endormi.

5   Il ne le reconnaît jamais tant il est orgueilleux. « Je suis le
meilleur », dit-il toujours en riant. Il en est persuadé, et n'écoute
aucune remarque.

Il est insupportable, vaniteux, orgueilleux, brutal, inconstant,
humain. Sans lui, je serais mort de décomposition. Abdel m'a
10   soigné sans discontinuité comme si j'étais un nourrisson.
Attentif au moindre signe, présent pendant toutes mes
absences, il m'a délivré quand j'étais prisonnier, protégé quand
j'étais faible. Il m'a fait rire quand je craquais. Il est mon diable
gardien.

---

1 **un macchabée** *fam* un mort, un cadavre – 3 **vociférer** *vx* crier, hurler – 5 **orgueilleux**
fier, arrogant – 8 **vaniteux** eingebildet – 9 **une décomposition** Verwesung – 10 **un
nourrisson** un bébé

Quatrième partie

Le second souffle

Témoins

Lorsque, après trois mois de réanimation, Béatrice emmène
5   les enfants dans ma chambre, Laetitia fait de grands efforts pour
vérifier que je la reconnais car la trachéotomie m'impose le
silence. Elle se livre à un jeu surréaliste. Elle se faufile derrière
les membres de la famille penchés sur mon lit de verre et leur
fait des oreilles d'ânes ou des grimaces. Je suis son manège avec
10 émerveillement. Elle trouve dans mes yeux l'éclat de rire que ma
bouche pleine de tuyaux ne peut lui offrir.

Les remords existent. Ils sont inutiles et vous rongent à jamais.
Si j'avais pu éviter cette journée du 23 juin, je n'aurais pas tant
fatigué Béatrice, bouleversé les enfants, déchiré Laetitia et
15 fragilisé Robert-Jean. Que d'efforts ils ont faits pour me
maintenir dans le circuit ! C'était au-delà de ses forces, ce n'était
pas de leur âge. De ce jour date mon présent.

*

Les heures, les nuits, les mois, allongé le regard au plafond,
20 m'apportent une richesse que, brillant sujet d'une société de
paillettes, je n'avais pas perçue : le silence.
Dans le silence règne la conscience. Elle situe ce qui vous
entoure. Dans le silence trône la personne. Tout d'abord, une

---

3 **un témoin** Zeuge – 6 **imposer qc à qn** jdn zu etw zwingen – 7 **se livrer à qc** sich etw
widmen – 7 **se faufiler** durchschlüpfen – 10 **un émerveillement** une grande
admiration – 12 **un remord** un regret – 12 **ronger qn/qc** rendre qn triste, dépressif –
14 **bouleverser qn** troubler, secouer qn – 16 **un circuit** *ici :* le cercle de la famille – 19 **un**
plafond Decke

certaine crainte vous envahit. Aucun bruit ne vous emmène, aucune sensation ne vous délimite. Une immense friche désertique et inerte. Il faut se faire minuscule pour retrouver dans cette désolation atone des éléments de vie. Puis, vous observez enfin l'infiniment petit ; le doigt d'une infirmière, une piqûre indolore, la pression du sparadrap, une paupière épuisée. Un visage s'approche de vous : vous percevez le bruit mais les paroles demeurent incompréhensibles. Le réveil hésitant : un bruit ou une pression sur le visage. Le cerveau se met en veille. En ces heures où les yeux restent clos, une faible activité reprend en vous.

Pendant de nombreux mois, je regarde le plafond sans jamais m'ennuyer. J'ai fait le deuil de mon corps dans cet éblouissement de blanc. Je suis revenu parmi les vivants. J'ai dompté la voix qui aurait pu me faire passer pour un illuminé (il ne manquerait plus qu'ils m'enferment !). Oubliés les affreux moments consacrés à l'apprentissage d'une respiration sans machine, d'une vie composée de ce qu'il me reste et de ce qu'on m'a ajouté. Raffermi par mon activité intérieure persistante, rassuré par l'amour de Béatrice, je me rétablis.

Je contrôle les rares sensations qu'il me reste. Je prépare les visites de Béatrice par d'interminables palabres. Quand elle est là, je disparais. J'enregistre tous ses regards, ses mots. C'est alors, sans doute, qu'elle m'a communiqué le virus de l'espérance, que j'ai découvert ma conscience et que, par la suite, tout a rapidement pu s'enchaîner.

La foi en l'avenir se construit en silence. Les heures s'écoulent. Je n'ai pour tout objet de pensée que ma survie physique. Je

---

2 **une friche** Brachland – 4 **atone** inerte, sans énergie – 6 **une piqûre** Spritze –
6 **indolore** qui n'est pas douloureuse – 6 **un sparadrap** Pflaster – 6 **une paupière**
Augenlid – 9 **un cerveau** Gehirn – 14 **un éblouissement** Blendung – 19 **raffermir** rendre
plus fort, fortifier – 19 **persistant** constant, continu – 22 **interminable** très long, qui ne
se termine pas – 22 **des palabres** *fpl* petites conversations – 26 **s'enchaîner** sich
aneinanderreihen

ne dois pas bousculer l'espérance. D'horribles souffrances transpercent ce qu'il me reste de sensible. Elles me laissent haletant, le regard vide. À la moindre seconde de rémission, l'espérance se pointera. Avec elle, la renaissance.

5 Silence.

Dans cette débâcle, j'ose encore y croire. La distance entre ce que je vis à présent et le bonheur que j'escompte, fait naître en moi l'espoir.

Le handicap, la maladie sont fracture et dégradations. Dans
10 ces instants où l'on perçoit l'échéance de la vie, l'espérance est un souffle vital qui s'amplifie ; sa juste respiration en est le second souffle. Les coureurs de marathon connaissent le second souffle. C'est une sorte d'état de grâce. La respiration s'assouplit, devient plus profonde, la douleur disparaît. Je me suis étouffé
15 durant quarante-deux ans. Nous nous étouffons à nous élancer trop vite, à vouloir être les meilleurs, les premiers. Ceux qui respirent mieux, au bout de quelques dizaines de kilomètres, sont ceux qui imaginent l'arrivée. Le but, c'est le festin divin, l'amour retrouvé. Cette vision de l'arrivée est essentielle.

20 Un marathon ne se court jamais seul.

À travers les cris, les confidences, les lits aseptisés pour être disponibles aux suivants, l'humanité est peuplée d'ombres et de gémissements. Nous découvrons qu'il y a un avant et un après, que les Anciens avaient déjà pensé le monde, que l'Éternité est
25 habitée par ceux qui nous ont précédés. L'espérance est ce pont

---

1 **bousculer** etw ins Wanken bringen – 2 **transpercer qc/qn** etw/jdn durchbohren –
3 **haletant** keuchend – 3 **une rémission** une pause, un arrêt – 7 **escompter qc** attendre,
espérer qc – 10 **une échéance** Befristung – 13 **s'assouplir** ≠ se durcir (dur) – 18 **un festin**
un repas de fête – 18 **divin** qui vient de Dieu – 21 **aseptiser** stériliser – 23 **un**
gémissement Klageton – 25 **précéder qc/qn** passer avant qc/qn

qui nous mène de la « voûte lumineuse des souvenirs à l'éternité »*.

*

Le téléphone sonne. Une voix céleste emplit la pièce : « C'est
5 Marie-Hélène Mathieu, présidente de l'OCH (*l'Office chrétien
des handicapés ; nul doute que j'approche du ciel !*). Je vous ai
entendu à l'émission de Jean-Marie Cavada** et je voudrais vous
avoir comme intervenant dans les conférences que j'organise.
    – Je n'ai pas beaucoup de temps à vous offrir, chère madame.
10 Je suis bien peu croyant. Quant au handicap, je n'ai qu'une
réflexion de nouveau-né dans ce domaine. »
    Comment refuser ? Je n'ai pas envie de me battre. La
conférence est dans trois mois ; avec un peu de chance, les
circonstances me viendront en aide.
15   « Je souhaiterais m'exprimer avec mon épouse qui souffre
d'un mal depuis quinze ans. Par la grâce de sa foi, à nous deux,
nous devrions faire une bonne petite moyenne !
    – Quel titre souhaitez-vous donner à votre intervention ? »
    La fatigue m'assaille, je n'ai plus de repère, juste une
20 inspiration :
    « Le second souffle.
    – Très bien, nous annoncerons le second souffle de Philippe
et Béatrice Pozzo di Borgo.
    – Non, ce sera le second souffle de Béatrice et Philippe. »
25   Elle est surprise, mais je maintiens. J'ai l'impression qu'elle
m'a permis de remettre le pied à l'étrier en me laissant exprimer
cette intuition.

---

*   Khalil Gibran, *Le prophète*, Casterman, 1970.
** *La marche du siècle*, où je témoigne sur la période qui suit immédiatement
    l'accident.

1 **une voûte** Gewölbe – 4 **céleste** qui vient du ciel – 8 **un intervenant** Referent –
26 **(re)mettre le pied à l'étrier** jdn wieder in den Sattel heben

Pourquoi Béatrice et Philippe ? Dans mon extrême faiblesse, je perçois combien la maladie de Béatrice me permet de m'adapter au handicap avec une facilité inhabituelle. Je m'absente, mais ne me décourage pas. Ce n'est ni un sentiment
5 de culpabilité vis-à-vis d'une femme qui a souffert et résisté quinze années durant, ni un sentiment d'orgueil mal placé qui m'obligerait à l'égaler. Non, c'est cette confiance qu'elle cherche au fond d'elle-même. Tant qu'il y a encore de l'énergie, notre vie est une beauté en soi et il serait lamentable de ne pas
10 l'apprécier. C'est ce même regard qui, après un mois de coma, m'accueille à mon réveil. Comment exprimer le second souffle sans commencer par Béatrice ? Petit à petit, la vie, la souffrance, les joies vraies, le plaisir de parler, la beauté, se sont infiltrés en moi. Que de nuits passées couché à côté d'elle, à penser au
15 monde, comme si elle était ma clé d'accès à la vérité.

Béatrice rayonne. Je l'accompagne du mieux possible.

Rien ne permet de distinguer sa maladie. Elle est toujours aussi belle, élégante, souriante, optimiste, attentive. Mais elle ne peut plus monter les escaliers et, tous les trois mois, elle
20 s'allonge pour une éternité. Elle fait en sorte que tout ait l'air normal. Parfois, dans un moment de grande fatigue, elle crie son désespoir de ne pas être considérée comme une malade. Elle en veut au monde entier. En fait, elle s'en veut à elle-même d'avoir une telle soif de vie. Elle se serait bien laissé aller. Alors, je lui
25 offre mon épaule pour qu'elle puisse s'abandonner, et elle repart.

Le soir de la conférence, son calme et son sourire expriment toute sa philosophie. Je regarde cette salle de cinq cents personnes séduites par sa force. Personne ne renifle ou ne
30 tousse. Une foule attentive. Sa vie est là, née du premier souffle

---

7 **égaler qn/qc** être au même niveau que qn/qc – 9 **lamentable** triste, désolant, –
29 **séduire qn** charmer, attirer qn – 29 **renifler** schniefen

et illuminée par sa perception de l'éternité, quelles que soient les difficultés. Que leur dire après une telle démonstration, si ce n'est que le handicap se vit très bien si on n'est pas seul, s'il y a cette énergie à vos côtés qui vous électrise dans votre immobilité.

Sans Béatrice, je n'aurais pas fait cet effort. Pendant l'année d'hospitalisation, j'ai découvert un monde qui m'avait échappé, un monde que je n'avais jamais regardé de très près, celui de la souffrance. Je ne connaissais que celle de Béa. C'était une interrogation privée, pas un phénomène de société. Après avoir fréquenté les services de réanimation où les gens hurlent, après avoir connu la solitude dans les chambres d'hôpitaux, on voit les choses différemment.

Au-delà des mots, au-delà du silence, on découvre son humanité.

Le corps, jusqu'alors porté aux nues, s'estompe peu à peu devant un esprit régénéré, une spiritualité ressourcée ; un renversement du cœur.

C'est au fond de soi, dans son intériorité, dans son mystère, qu'on trouve l'Autre.

L'ancien gominé privilégié que j'étais, maintenant crucifié sur son lit, imagine la cohabitation d'une humanité marchante et d'une humanité couchée. La croix universelle comme le point de départ d'un monde revisité.

---

16 **porter qn/qc aux nues** adorer – 16 **s'estomper** perdre son importance, disparaître, – 18 **un renversement** Kehrtwendung – 21 **gominer** mettre de la pommade sur ses cheveux – 21 **crucifier** kreuzigen

Cyprès de Béatrice

Béatrice est hospitalisée pour la dernière fois. Carmélite des temps modernes, elle habite une sorte de bulle en plastique transparent. Nous restons deux mois sans pouvoir nous approcher, n'ayant l'un de l'autre qu'une vision floue et déformée par le plastique.

Béatrice contracte une septicémie généralisée. Elle ne peut plus ni boire ni manger ; même l'eau ne passe plus ses lèvres.

Elle vit ses dernières expériences terrestres à la lumière de cette ferme espérance, dans cette attente active.

Trois jours avant sa fin, ils la dégagent de sa bulle en plastique. Trop tard. Ses yeux se sont déjà fermés. Elle ne vit presque plus. Nos enfants viennent, chacun leur tour sur mes genoux. Ils sanglotent tandis que je leur parle d'elle ; puis ils ressortent avec leurs déguisements.

« Qu'il en soit fait selon Ta volonté » sont ses dernières paroles.

Elle les a prononcées puis s'est enfoncée encore un peu plus dans son lit.

Ils m'ont autorisé à la ramener chez nous. Les infirmières la revêtent de son ensemble Infini couleur terre. Nous l'installons près de la cheminée sur la duchesse brisée où elle aimait reposer. Abdel pleure. Pendant trois jours, famille et amis

---

1 **un cyprès** Zypresse (*ici : jeu de mots* si près = so nah) – 2 **une Carmélite** religieuse qui fait partie d'un ordre catholique – 5 **flou** ≠ clair, distinct – 7 **une septicémie** Blutvergiftung – 15 **un déguisement** un costume de carnaval – 21 **Infini** marque de vêtements de femme – 22 **une duchesse brisée** une élégante chaise longue

l'entourent. Mon père organise les funérailles. Il me dit, en larmes, qu'elle lui a appris à prier. Abdel a rapporté ses affaires de l'hôpital : il y a des écrits et des lettres.

Elle tenait un carnet de bord.

5 De tous les événements relatés émanent la douceur, son amour pour les siens, sa confiance en Dieu, la foi en sa guérison. Avec obstination, elle s'engageait à vivre jusqu'à ce que son jeune Robert-Jean atteigne dix-huit ans. Quand elle s'est sentie partir, la même sérénité lui a donné la force de me pardonner, 10 de trouver quelques paroles pour guider Laetitia et consoler Robert-Jean.
Puis, elle s'est tournée vers Dieu.

*

J'ai choisi le plus beau cercueil. J'y ai fait mettre une croix 15 protestante. Nous préparons la cérémonie au temple et la messe à Dangu. Nos enfants sont magnifiques ; ils lisent la prière de saint Augustin qu'elle leur récitait sans qu'ils en saisissent le pathétisme, bercés par la douceur de sa voix ; ils ne voyaient pas glisser ses larmes. Je les remontais endormis dans leurs lits.

20 *

Lors des obsèques à l'église de Dangu, nos amis Nicolas et Sophie entonnent le chant qu'aimait Béatrice. Je m'enfonce dans mon fauteuil. Robert-Jean me tient la main ; il pleure. Laetitia a passé le bras sur son épaule. Le cercueil de Béatrice 25 est couvert de pensées, roses et tendres, envoyées par un ami.

---

1 **des funérailles** *fpl* Begräbnis – 2 **prier** beten – 4 **un carnet de bord** un journal intime – 5 **relater qc** raconter qc – 5 **émaner de qn/qc** sortir de qn/qc – 6 **une guérison** ≠ une maladie – 7 **une obstination** une volonté, une fermeté – 9 **une sérénité** Gelassenheit – 14 **un cercueil** Sarg – 14 **une croix** Kreuz – 16 **Dangu** *commune française en Haute-Normandie* – 21 **les obsèques** *fpl* les funérailles – 22 **s'enfoncer** versinken – 25 **une pensée** *ici :* Stiefmütterchen

Des milliers de fleurs blanches jonchent le sol. « Essuie tes larmes et ne pleure plus si tu m'aimes. »

Béatrice qui êtes aux cieux...

*

5 Un an après, Abdel me monte au cimetière qui se trouve sur une colline. Beatrice est la première du clan à être enterrée sur le continent. J'ai voulu la garder près de nous jusqu'à ma mort ; j'ai prévu de la ramener en Corse avec moi par la suite. Dans la chapelle, il y a moins de monde, des bruits animent la nuit, les

10 odeurs du maquis flottent dans l'air, la vue est si belle.

Laetitia a organisé une réunion de famille dans ce cimetière. Tous sont venus ; les petits se sont accroupis autour de sa tombe. Quand je viens, je m'installe devant la tombe ; la présence de Béatrice y est diffuse. Je la sens dans le doux sifflement des

15 cyprès. Elle disparaît quand je redescends de la colline. Elle ne me suit pas dans le nouvel appartement.

*

Béa est partie. Laetitia et Robert-Jean restent. Nous étions bien tous les quatre.

20 Dans les moments d'ultimes souffrances, je pense que mes digues vont céder, ma tête exploser : les yeux sont déjà révulsés, le corps arc-bouté ; depuis longtemps, je ne parle plus. En une manœuvre désespérée, je coupe tout. Je disparais dans l'inconscient avec pour seule obsession : tenir encore cette fois

25 pour nos enfants chéris.

---

1 **joncher** couvrir – 3 **... qui êtes aux cieux** *mpl* der/die du bist im Himmel (pour faire référence à la prière) – 10 **le maquis** paysage typique de la région méditerranéenne – 12 **s'accroupir** in die Hocke gehen – 20 **ultime** dernier – 21 **une digue** Deich – 21 **révulsé** *ici* : verdreht – 22 **arc-bouté** en forme d'arc

J'aime Béatrice. Au fil des jours, je retrouve ses écrits de souffrance. Excepté quelques brouillons de lettres qu'elle m'adressait lors de mes longs séjours à l'étranger, il ne reste que cette souffrance. Près de vingt-cinq années de vie commune, un
5 bonheur inouï, insolent, que nous savourions innocents et superbes. Et seules demeurent à présent ces quelques pages désastreuses, de solitude, de doute.

Ils ne sont jamais datés précisément. Mis bout à bout, ils remplissent à peine une vingtaine de pages. Chaque mot est un
10 cri de désespoir. Certains passages me ramènent à des épisodes qui avaient glissé de ma mémoire. Ils révèlent la déchirure d'une beauté qui n'a pu engendrer que fausses couches et mort-nés, l'inquiétude d'une femme bouffée par un cancer invisible, si belle aux yeux de tous mais qui se savait pourrir de l'intérieur ;
15 l'épuisement d'un être qui aurait tant voulu et qui n'a pas pu. À bout de forces, elle a dû subir l'ultime affront lorsque celui qu'elle aimait encore s'est brisé la nuque sur une terre qu'elle aurait souhaitée douce pour ses derniers moments. De douloureuse aimante, elle est devenue une Pietà, encombrée
20 d'un corps disloqué. Elle, la crucifiée, m'a ressuscité. Suprême ironie. Elle est ensevelie sous son sourire. Moi, je me suis envolé comme un beau diable, pour échapper à ses jambes saignantes, son sang pourri, son effort qui me faisait honte. Je surfais sur les vies. Je venais toujours la reprendre dans mes bras sur son
25 immense lit. Sourires amers pour une grâce qui a tant dissimulé ses larmes, elle qui méritait la compassion depuis des années.

*

---

2 **un brouillon** Entwurf − 4 **une vie commune** ensemble − 8 **bout à bout** à la suite − 11 **révéler qc** rendre visible − 12 **engendrer** générer − 19 **une Pietà** Bild, das die trauernde Maria mit Jesu Leichnam, darstellt − 19 **encombrer qc** etw beschweren, belasten − 20 **disloquer qc** démolir qc, détruire qc − 20 **ressusciter qn/qc** redonner la vie − 21 **ensevelir qn/qc** enterrer

J'ai décidé de repartir pour Crest-Voland, de retrouver l'endroit où je me suis écrasé et, comme pour exorciser l'accident, d'y revoler en fauteuil. Gaminerie ! Mes vrais amis sont ces fous volants que Béa n'appréciait guère. Ils sont envahis
5 par un sentiment de culpabilité, je veux les soulager. Je meurs d'envie de prendre un courant ascendant qui me mène à cinq ou six milles mètres d'altitude. Là, je parlerai à ma femme à voix haute, comme il m'arrive de le faire quelquefois la nuit. Dans l'éclat de la montagne, j'aurai l'impression d'être plus près
10 d'elle. J'ai parfois le sentiment obscur de vouloir la rejoindre, comme j'ai eu la tentation de la quitter après l'accident. C'est irraisonné et enfantin.

Je me réjouis également à l'ideé de voir Abdel sur un vol en double, hurlant à qui veut l'entendre qu'il n'a jamais voulu
15 monter.

*

Mes amis ont aménagé un siège spécial qui se gonfle lorsque la voile prend de la vitesse et devrait amortir mes arrivées. Yves, accroché à l'arrière de ma sellette, tient les commandes.
20 Nous avons décidé qu'il suivrait les instructions que je lui transmettrais par des mouvements de tête. Tête à gauche, tu tournes selon l'angle indiqué ; tête en bas, tu freines ; tête en haut, tu relâches les freins. Nous volons trois fois. Au démarrage, toute l'équipe nous porte et nous donne de la vitesse. D'une
25 légère inclinaison de tête vers le bas, je signale à Yves qu'un coup de frein s'impose pour décoller.

Je retrouve la sensation du vol, concentrée dans la tête, avec le reste, je ne sens rien. Nous survolons nos parcours habituels.

---

1 **Crest-Voland** *commune française en Savoie* – 3 **une gaminerie** Kinderei – 4 **guère** peu – 6 **un courant** Strömung – 12 **irraisonné** naïf – 18 **amortir qc** abfedern – 22 **un angle** Winkel – 25 **une inclinaison** Neigung – 26 **décoller** quitter le sol

Soudain, c'est l'ascenseur ; en quelques secondes nous avalons des centaines de mètres. Nous sommes au-dessus de la pointe, nous tournoyons. Spectacle magnifique ! Nous essayons de reprendre de l'altitude, cependant les conditions ne nous le
5 permettent pas. Nous replongeons sur la forêt. Nous suivons les oiseaux, poursuivons les autres voiles. Nous pourrions rester une éternité, mais Yves indique qu'il faut rentrer. Cela fait un peu plus d'une heure et demie que nous volons. Je ne sens aucune fatigue. Une résurrection. Nous passons la dernière
10 pointe rocheuse et filons vers le chalet. Pour garder les bonnes habitudes, j'oriente Yves vers la colline qui surplombe le chalet et lui demande de faire un vol en rase-mottes. Nous sommes à moins de trois mètres du sol, nous zigzaguons. Quel plaisir ! Yves se positionne dans l'axe d'atterrissage, vent de face. Soudain, au
15 moment de toucher le sol, le vent s'inverse. Nous sommes projetés à plus de quarante kilomètres à l'heure. Je n'ai pas de jambes pour l'aider ; nous nous effondrons. Mon visage sert de frein. Quelques dizaines de mètres de labour et nous nous immobilisons ; nous éclatons d'un rire qui gagne tous les amis
20 venus assister au spectacle.

Mon visage est en sang. Je garde la trace de cet atterrissage pendant quelques semaines, mais quel soulagement !
De retour à Paris, j'invoque un accident de fauteuil. Excepté Laetitia, personne ne se doute de mon irresponsabilité.

---

3 **tournoyer** tourner en faisant des cercles – 12 **en rase-mottes** très près du sol –
15 **s'inverser** prendre une direction contraire – 18 **un labour** Pflügen – 23 **invoquer qc**
etw anführen, vorgeben

Âme corse

Quelques mois seulement après la mort de Béatrice, je suis en Corse, dans la tour qu'encadrent les montagnes, un endroit qu'elle aimait tant.

5 Les volets de ma chambre ont été tirés ; la pénombre s'est installée dans mon cerveau.

Hier, j'ai commencé à dicter quelques mots, mais le magnétophone n'a rien enregistré. J'ai pleuré derrière mes lunettes de soleil, de fatigue, de tristesse, de résignation.

10 Le cousin Nouns est venu. Il a tout essayé pour me faire rire. Françoise, la gardienne, a apporté une bouteille d'alcool de sa fabrication personnelle, je lui ai trouvé un goût amer. Nous avons regardé la vallée ensemble.

Je ne veux plus souffrir, mais les crises se succèdent. Ma tête 15 explose, l'angoisse m'inonde. Dans la Bible, j'ai lu : « Donne-moi la force de lutter contre les souffrances que je peux supprimer ; donne-moi la patience de consentir aux souffrances que je ne peux pas changer, et n'oublie pas de me donner la sagesse de savoir faire la différence. »

20 Nombreux sont les souvenirs qui surgissent ici. La nuit, dans ma chambre, je veille. Je suis les préparatifs culinaires dont s'est chargé Abdel pour recevoir quarante Corses de la montagne. Il a prévu un méchoui et acheté une brebis qu'il s'apprête à égorger. Je ne peux m'empêcher de penser à Béatrice, 25 condamnée et moi, paralysé. Tortures pour elle, contractures pour moi. L'odeur âcre de la mort envahit ma chambre du soir.

---

1 **une âme** Seele − 5 **un volet** Fensterladen − 5 **une pénombre** une lumière faible −
11 **un gardien** *ici :* une personne qui s'occupe d'une maison − 12 **amer** ≠ sucré −
17 **consentir qc** accepter qc − 20 **surgir** apparaître − 21 **veiller** ne pas dormir − 23 **un méchoui** am Drehspieß gegartes Schaf oder Lamm − 23 **une brebis** Schaf − 24 **égorger qc/qn** couper la gorge, tuer − 25 **condamner qn** verurteilen − 26 **âcre** amer

Les Sanguinaires

Couché sur le dos, dans la même position depuis presque trois jours, je ne souffre plus, mes yeux sont clos. Je n'ose y croire : je n'ai plus mal. À sept heures, j'appelle Abdel ; il se lève comme
5 un automate – il ne dort plus depuis trois jours : « Abdel, mettez-moi du Schubert, s'il vous plaît » ; je respire avec difficulté ; qu'importe, je n'ai plus mal. Abdel me sert le petit déjeuner.

« Abdel, voulez-vous me lire un Psaume, s'il vous plaît. » Dieu est bon, il y a un chemin de salut pour ceux qui souffrent. Je ne
10 sais pas, je suis épuisé. J'ai du mal à saisir ces mots tellement sûrs de leur sens.

La fête commence le jeudi soir. Nous dînons, puis nous réunissons dans l'immense salle de garde pour écouter les chanteurs d'Alata. Une grande douleur dans ces chants. Des
15 tonalités arabes, des sons aigus, des voix très basses répondent aux vibrations de la montagne et aux cris des buses qui la survolent en tournoyant. Je suis fatigué, mais je décide de rester. Ils chantent pour moi, pour Béatrice. Je leur ai demandé le *Salve Regina*, les douleurs de la Vierge. Les voix s'élèvent, et je
20 m'enfonce en moi. Béatrice adorait ce chant. Ils chantent en me regardant, la main gauche contre leur oreille, en écho. L'émotion m'épuise. Ils partent, je n'ai presque goûté à rien, je n'ai pas parlé, je n'ai rien entendu, si ce n'est cette polyphonie corse. Un berger m'a embrassé la main en s'inclinant. Tard dans la nuit,
25 Abdel me couche, je frissonne de fièvre. Je dors peu.

Pour la première fois depuis mon arrivée en Corse, il y a déjà dix jours, je décide d'accompagner les enfants à la plage. Ma cousine Barbara, son mari, Philippe, et leurs six enfants sont à

---

1 **Sanguinaire** *nom de petites îles près de la Corse* (→ sang) – 8 **un Psaume** Psalm –
14 **Alata** *commune dans le sud de la Corse* – 15 **aigu** *ici :* haut – 19 **la Vierge** autre nom
pour Marie, mère de Jésus – 24 **un berger** personne qui garde des animaux –
24 **s'incliner** se pencher (→ p. 56) – 25 **frissonner** trembler

la place habituelle des Pozzo, une crique qu'ils squattent depuis trente ans. Barbara fait de la tapisserie à l'ombre de l'auvent, comme Granny il y a vingt ans. Elle passe son après-midi à surveiller ses troupes. Je m'installe à côté d'elle. Je revois les plages de mon enfance.

Je lève les yeux vers l'horizon. Les îles Sanguinaires se découpent sur le ciel. L'histoire veut que ces îles tiennent leur nom des pestiférés, les « sang-noir », qu'elles avaient recueillis durant les quatre cents ans de domination génoise, du XVe au XVIIIe siècle. Une autre tradition dit que la lumière du soleil couchant colore ces îles d'un rouge sang. Je pense à toi, Béatrice. Sur ces îlots, la dame froide a emporté les pestiférés. Ils ont été mis au bûcher. Leurs cendres se sont dispersées sur cette terre brûlée, stérile.

Barbara lève la tête de son ouvrage. Elle assure la succession, la continuité. Tout va bien. « Ne t'inquiète pas, petit cousin, tu la retrouveras. » Je regarde en contrebas Abdel jouer avec les enfants sur la plage ; Laetitia se livre à la morsure du soleil. Ses cheveux sont d'un noir luisant, sa peau blanche. Elle est femme à présent.

Nous devons tous nous retrouver ce soir sur la grande plage de Capo di Feno.

Abdel me transfère dans la petite voiture. Robert-Jean se cale derrière moi pour me maintenir dans les virages. Nous rejoignons la cahute de Pierretou sur une plage immense, belle et dangereuse. On m'installe en bout de table. Les enfants se baignent nus dans une mer toute à eux. Je me laisse aller à la torpeur du ressac. La nuit est tombée ; je me tasse dans le fauteuil. Quelques jeunes femmes me saluent en souriant. Je m'assoupis jusqu'à ce que les enfants s'installent autour de la

---

1 **une crique** une baie – 1 **squatter** occuper – 2 **une tapisserie** Kanevasstickerei – 2 **un auvent** Schutzdach – 8 **un pestiféré** personne malade de la peste – 13 **un bûcher** Scheiterhaufen – 13 **une cendre** Asche – 13 **se disperser** sich zerstreuen – 23 **se caler** *fam* s'installer – 25 **une cahute** Hütte – 28 **un ressac** Brandung – 28 **se tasser** s'asseoir

longue table sous les cocotiers. Le cousin Philippe prend les choses en main. Pour nous, ce sera les spaghettis au poulpe – le poulpe a été pêché là, cet après-midi – et un petit vin de l'arrière-pays, sans étiquette. Les enfants s'empiffrent gaiement
5 puis se lèvent pour prendre un cornet de glace et disparaissent dans la nuit. Que de fois sommes-nous venus ici avec Béatrice ! Nous y passions la nuit, seuls. Elle était heureuse. Tièdes, nous nous réveillions de temps en temps avec le ressac.

Vers minuit, de violents tremblements me reprennent. Je fais
10 signe à Abdel de lever le camp. Je rentre en moi-même. Les douleurs s'installent. J'en ai connu de telles l'année précédente, avec Béatrice. Mais là, je suis seul. Une douleur stupide, mécanique : un « blocage vésical ». La sonde se bloque, l'urine est refoulée à travers les reins, dans le sang. Elle vous monte à
15 la tête et vous fait exploser. C'est bête. Je hurle comme un animal.

Mon cerveau éclate. Je ne vois plus rien, je suffoque. Pendant trois heures, Abdel se bagarre avec la « tuyauterie ». De temps en temps la sonde se libère, la tension passe de trente à douze,
20 le cerveau respire. Émerge en moi la pensée que tout est fini, jusqu'à ce qu'une nouvelle secousse m'annihile.

Après une nuit douloureuse, je suis trempé et épuisé. Je veux rejoindre Béatrice, je ne réagis plus. Abdel appelle une ambulance. Il n'y a pas de solution, il faut attendre, subir, ne pas
25 se révolter, se reprendre lors d'un répit, se laisser aller quand revient la crise.

À l'hôpital, il n'y a qu'un seul médecin pour le week-end. C'est la pagaille. Il est vaguement question d'opération, finalement on me garde en observation jusqu'au lendemain.

---

1 **un cocotier** un palmier qui produit les noix de coco – 2 **un poulpe** Tintenfisch –
4 **s'empiffrer** manger beaucoup – 5 **un cornet de glace** Eis in der Waffel – 7 **tiède** un peu chaud – 10 **lever le camp** partir – 13 **vésical** urinaire – 14 **refouler qc** etw zurückdrängen – 19 **une tension** Blutdruck – 20 **émerger** apparaître – 21 **une secousse** un petit choc – 21 **annihiler** détruire – 25 **un répit** une pause – 28 **une pagaille** *fam* la panique

Nous rentrons, Abdel me couche et après une autre nuit terrible, Abdel obtient une sonde plus appropriée. Je transpire toujours, mais c'est supportable pendant une bonne demi-journée.

Sur ces entrefaites, ma sœur Alexandra arrive avec son fils. Je
5 reste couché, incapable de l'accueillir. À deux heures du matin, l'attaque est foudroyante. Je n'ai pas le souvenir d'avoir jamais connu une telle souffrance, inutile, comme celle d'une femme qui accouche d'un enfant mort-né.

Abdel interdit l'accès de la chambre. Il s'affaire pour
10 débloquer la situation. Une heure après, je suis libéré. Tout mon corps tremble, je n'arrive plus à fermer la bouche. Abdel s'inquiète, je ne peux pas parler, j'essaye d'éviter de me mordre dans cet immense tremblement. Je respire par saccades. Il faut plusieurs heures pour que le corps s'assagisse. Le lendemain
15 matin, Abdel me laisse dormir.

À une heure, je demande à Abdel de m'asseoir dans ce maudit fauteuil roulant, sous mon chapeau et mes lunettes noires, habillé d'une djellaba.

J'attends le tailleur de pierre. Je souhaite qu'un marbre rose
20 de Corse se substitue à la dalle provisoire de la tombe de Béatrice. Le tailleur de pierre arrive, avec sa petite tête sèche, sa grande barbe rousse et son humeur pétillante. Vingt-huit ans qu'il travaille dans les pierres tombales. Sa sérénité et son humour rafraîchissent. Je lui parle de mes souvenirs d'enfant,
25 de ces confrères d'autrefois. Il est aujourd'hui le dernier en Corse. Il en est fier, mais ne transmettra pas son savoir-faire à son fils : « Il n'y a plus d'avenir dans la taille de la pierre. »

*

---

4 **une entrefaite** temps entre deux événements – 6 **foudroyant** violent, brutal, explosif – 13 **une saccade** Ruck – 14 **s'assagir** se calmer – 16 **maudit** verflucht – 18 **une djellaba** une longue robe portée en Afrique du Nord – 19 **un tailleur de pierre** personne qui travaille les pierres – 20 **une dalle** Steinplatte – 22 **pétillant** sprudelnd – 23 **une pierre tombale** Grabstein

La dalle provisoire sera en fait remplacée par une composition en mosaïque réalisée à ma demande par ma sœur Alexandra. Elle représente des chrysanthèmes jaunes et des iris violets, assortiment préféré de Béatrice.

Sabrya

La dépression s'est installée. Les mois s'écoulent. J'ai déposé les armes.

*

5   Ce matin comme tous les matins, pendant deux heures, une jeune aide-soignante est venue s'occuper de moi. Celle-là, je ne la connais pas. Elle dit s'appeler Sabrya – « patience » en arabe. Elle a l'âge de Béatrice les premiers jours où je l'ai connue. Je l'ai confondue avec elle. Pourtant elle est brune, les yeux en
10 amande, le regard noir, velouté et tendre. Sa peau est mate, couleur abricot, au toucher de pêche.

    Je l'attends chaque matin. Quand je l'entends arriver, je ferme les paupières. Je la laisse ouvrir mes yeux rougis par le deuil et l'insomnie. Elle l'a fait durant plusieurs mois.

15   Elle me rase ; son visage s'approche du mien. Je ferme les yeux, me concentre sur ses mains délicates qui me détendent des crispations de la nuit. Son parfum m'enivre ; j'aimerais qu'elle reste à mes côtés jusqu'à ce que je m'endorme.

    Je l'ai apprivoisée. Souvent, dans ses temps libres, elle me
20 tient compagnie. Elle est assise en tailleur sur le lit, mince et délicate. Je lui parle de Béatrice, de la vie qu'elle a devant elle. Je cache le trouble qu'elle suscite en moi. Lorsqu'elle parle, je ne vois que ses lèvres ourlées, ses dents éclatantes et sa langue malicieuse. Je l'imagine m'embrasser ; je rêve.

25   Un soir, je l'ai invitée à dîner dans un restaurant branché de Paris. Sa mère, Saadia, l'accompagne. Toutes deux sont

---

2 **déposer les armes** die Waffen niederlegen – 6 **une aide-soignante** personne qui aide les malades – 10 **en amande** *f* mandelförmig – 10 **velouté** doux – 17 **une crispation** une petite crampe – 19 **apprivoiser qn/qc** zähmen – 20 **assis en tailleur** im Schneidersitz – 22 **susciter qc** provoquer, éveiller – 23 **les lèvres ourlées** geschwungene Lippen – 24 **malicieux** verschmitzt – 25 **branché** *fam* à la mode

sompteuesement vêtues. Avec curiosité, elles regardent ce monde médiatique qui leur est étranger. Saadia ne dit rien. J'échange avec Sabrya nos tendresses habituelles. Elle porte à ses lèvres son verre de Coca. Calé en arrière dans mon fauteuil, je lui demande d'un ton inchangé : « Sabrya, voulez-vous m'épouser ? » Elle se penche sur son couvert, les joues empourprées. J'aperçois des larmes. Saadia l'interroge ; pas de réponse. Je n'aurai jamais de réponse.

Saadia m'a invité à dîner dans leur petit appartement, au cœur d'une cité du XVᵉ arrondissement. Abdel se fait aider de tous les adolescents qui traînent dans la cour pour me porter jusqu'à l'étroit ascenseur ; à la force de ses bras, il me maintient debout dans la cage. Il faut encore gravir un demi-palier, collé contre lui, tel un pantin désarticulé. Il me hisse au dernier étage, me lâche dans une petite pièce encombrée de poufs où la télévision reste allumée. Sabrya prépare le tajine ; Saadia s'installe près de moi. Elle ne cesse de me parler de choses qui m'échappent ; j'essaie de me redresser, lorsqu'elle m'arrête d'un : « Vous savez, monsieur Pozzo, je l'ai vue rentrer tout heureuse il y a plusieurs mois. Elle m'a dit qu'elle était amoureuse. »

Je garde le silence. Un jour, elle l'a dit à sa mère, elle était gaie. Que quelqu'un puisse l'aimer l'a surprise. Peut-être reste-t-il quelque chose de ce petit aveu d'un jour ? Saadia relate les traditions de son pays qui veulent que la mère suive la fille dans son nouveau foyer. Sabrya l'interrompt avec son espièglerie habituelle : « Maman, ça suffit ! » Son cou doré se penche devant moi. La soirée est enjouée. Après le dîner, je propose une balade à Sabrya. Dans l'anonymat de la nuit parisienne, je l'emmène

---

1 **sompteuesement** de manière luxueuse – 6 **un couvert** *ici : des* ustensiles pour manger – 7 **empourprer** de couleur pourpre – 13 **une cage (d'ascenseur)** (Aufzug-) Schacht – 13 **gravir** monter – 13 **un palier** *ici :* étage – 14 **un pantin** une marionnette – 14 **désarticulé** ausgerenkt – 15 **un pouf** Sitzkissen – 16 **un tajine** plat marocain – 23 **un aveu** une confidence – 25 **un foyer** *ici :* une maison – 25 **une espièglerie** une gaminerie (→ p. 80) – 27 **enjoué** gai, joyeux

dans mon fauteuil électrique le long des rues presque désertes. Elle s'assied en travers, sur mes genoux ; la douceur de son bras gauche contre mon cou, la caresse de ses cheveux sur mon visage. Du menton, je conduis mon destrier à toute allure, tous
5 feux allumés, au milieu de la chaussée. Elle rit et chante pour moi. Pas un mot sur mon rêve. Je lui chuchote des tendresses : « J'aime tant tes boucles naturelles après la piscine, celles que tu détestes parce que tu te sens trop ethnique. »

Je lui parle de sa petite poitrine et de son pantalon moulant,
10 de ses genoux arrondis et de son bras autour de ma tête et je sens la douceur…

Elle m'interrompt d'un grand éclat de rire lorsqu'une voiture nous double.

4 **un destrier** un cheval – 4 **à toute allure** très rapide

Tour de table

La chaleur estivale a gagné Paris. Les brûlures deviennent intolérables. J'ai 40 °C de température. Même le visage, jusque-là épargné, s'emflamme. Laetitia vient s'asseoir sur mon lit pour
5 me parler de l'organisation de ses vacances. Je m'effondre et lui demande de prendre en charge son petit frère. Il faut qu'on m'hospitalise, je n'en peux plus.

Elle réagit comme Béatrice l'aurait fait. Elle alerte mes amis. Ils me transportent au centre Saint-Jean-de-Malte. J'ai suivi
10 toute la construction de ce centre pour handicapés lourds au cœur de Paris. J'ai été le handicapé de service auprès des huiles de la ville, du conseil régional et des donateurs. Marie-Odile, la directrice, a mis la dernière main à la réalisation de l'établissement.

15 Marie-Odile m'a installé dans un studio avec kitchenette, salon et salle de bains. Situé au rez-de-chaussée, il donne sur un patio arboré. Tous les résidents ont leur studio, ils peuvent même y vivre avec leur famille. Je mets trois jours à réaliser où je me trouve.

20 Mes aides-soignantes, Emmanuella et Fabienne, me bichonnent inlassablement. J'apprécie leur sourire. Il y a Fabienne, mi-antillaise, mi-bretonne et Emmanuella, une jeune et jolie Guadeloupéenne et puis Brigitte et Foulé, une magnifique Sénégalaise. Toutes sont sans exception délicieuses.
25 La douleur persiste. Les filles ont pu m'asseoir. J'assiste au repas dans la salle commune. Je ne mange pas, mais je suis avec les pensionnaires. Jean-Paul, tétraplégique, a le même âge et le

---

2 **estival** de l'été – 4 **épargner qc/qn** jdn/etw verschonen – 12 **une huile** *ici* : une personnalité importante – 12 **un donateur** personne qui donne qc, souvent de l'argent – 17 **un patio** une cour intérieure – 21 **bichonner qn** *fam* jdn verwöhnen

même visage boursouflé d'allergies que moi. Armand, je ne sais pas ce qu'il fait là : il peut marcher. Je l'ai vu un jour nager comme un champion, à la piscine. Il a sûrement un problème ; il mange jusqu'à cinq tranches de viande par repas, ses mains tremblent. Je me suis lié d'amitié avec Jean-Marc, un jeune Martiniquais de vingt-huit ans, marié et père de deux enfants. Il vient d'avoir un accident, mais son regard exhale l'optimisme. Il nous fait rire, nous réconforte. Il est le seul à recevoir sa femme et ses enfants dans son studio.

Et puis, il y a de nombreux autres pensionnaires, je les considère tous comme mes autres frères. C'est vrai que je me sens mieux quand je suis avec eux.

Ils vivent tous ensemble depuis longtemps. Ça les a surpris de me voir en touriste de passage, prêt à repartir. J'ai promis de revenir.

*

J'attends Sabrya dans le hall. Je me suis reposé toute la matinée. Dans l'entrée, trois autres fauteuils entourent la standardiste, une Portugaise blonde. Sabrya arrive, vêtue d'une robe à fleurs pastel, transparente jusqu'au-dessus de ses genoux ronds. Elle porte des chaussures beiges un peu hautes.

Ses cheveux sont tirés en arrière. Elle me remarque immédiatement, garde son sourire pour les autres, dit bonjour à tous de sa voix enfantine et enjouée. D'une gaieté contagieuse, les cheveux luisant au soleil, elle rit de toutes les coquineries que je lui dis. Quand je vais trop loin, elle me fait un petit clin d'œil, comme si elle donnait une tape amicale sur une main qui n'est plus baladeuse. Nous pénétrons dans le parc par l'entrée

---

1 **boursoufler** anschwellen – 7 **exhaler qc** manifester qc – 8 **réconforter qn** consoler qn – 19 **une standardiste** téléphoniste – 24 **contagieux** *ici :* communicatif – 25 **luire** briller – 25 **une coquinerie** → coquine zweideutig, anzüglich – 26 **un clin d'œil** Augenzwinkern – 28 **avoir la main baladeuse** *fig fam* jdn betatschen

du bas. Je jette la tête en arrière, la regarde dans les yeux et lui
dis une bêtise d'amoureux. De temps en temps, elle trépigne :
« Arrête, arrête », tout en riant, ou « Philippe, ça suffit ! »

À l'arrêt, je n'ai plus mal. Je lui réclame les baisers des jours
5 précédents. Elle m'en dépose avec parcimonie sur le coin des
yeux. Nous arrivons enfin en haut du parc, à une terrasse de
restaurant. Elle place la chaise le long de mon fauteuil et me fait
face. Nos visages sont proches. Nous ne levons pas le nez. Un
enfant bouclé s'approche sans nous regarder.
10 « Sabrya, j'ai des choses à te dire, nous irons nous installer
sous un arbre, seuls, tout à l'heure, et tu m'aideras. »

Nous partons sous un arbre à l'écart. Des enfants jouent sur
la pelouse en contrebas, des cygnes paressent sur l'étang auquel
nous relie un parterre de fleurs. Sabrya s'installe sur mes
15 genoux, le bras autour de mon cou. Avec délicatesse, elle dit
qu'elle veut me parler d'elle. Elle devine le sujet qui me
perturbe.

Elle me parle de son enfance dans le bled, d'un père qu'elle
hait pour sa méchanceté, des brutalités qu'il inflige à sa mère.

20 Elle s'est souvent enfuie avec son petit frère, pour le protéger,
mais elle savait qu'à son retour elle retrouverait sa mère en
pleurs et marquée de coups.

Sabrya a cinq ans. Sa mère attend des jumeaux ; elle est
enceinte de sept mois. Un soir, voulant protéger son frère et sa
25 mère, elle décide de fuir en France. Peu de temps après, le père

---

2 **trépigner** aufstampfen – 5 **avec parcimonie** *f* sehr sparsam – 13 **un contrebas** plus
bas – 13 **un cygne** Schwan – 13 **paresser** ne rien faire – 13 **un étang** un petit lac – 18 **un
bled** un petit village perdu – 19 **haïr** ≠ aimer – 19 **infliger qc à qn** jdm etw zufügen –
22 **un coup** Schlag – 23 **des jumeaux** *mpl* frères nés le même jour

les retrouve et bat si violemment sa femme qu'elle perd les bébés. Aujourd'hui encore, Sabrya pleure à cette évocation. Elle ne reverra plus jamais son père ; elle a peur des hommes.

Elle me dit que je suis le premier à lui parler avec gentillesse
5 et respect ; qu'elle ne veut pas me faire de peine et, surtout, qu'elle ne veut pas me perdre. Plus elle parle, et moins j'ose aborder le sujet discrètement évoqué un soir, au restaurant. Elle cherche un père, et je rêve d'une compagne.

Je tente un timide : « Sabrya, si nous restions ensemble ! » Elle
10 retire son bras de mon cou, se penche un peu en avant, le regard fixe, ses mains posées sur ses genoux. Quand je suis avec elle, quand mon cœur s'emballe, j'oublie que j'ai le double de son âge et qu'elle ne m'a jamais considéré comme un amant.

J'ai alors pensé que j'allais mourir. « Je vivrai jusqu'à soixante-
15 quinze ans ; ce qui est peu dans notre famille de nonagénaires. Tu verras nos petits-enfants naître de mon vivant. » Je lui dis avec tristesse que, si cela ne dépend que de mon cœur, je l'attendrai. Mais je ne peux pas garantir mon corps. Les douleurs m'enveloppent comme une chape. J'appuie la tête contre le
20 dossier, je suis fatigué. Elle se lève pour essuyer mes yeux, met ses mains sur mes tempes.

Dans le noir, je garde espoir. J'attends les rayons du soleil et demande à ce qu'on me rapproche de la fenêtre pour qu'ils réchauffent mon corps fatigué. J'ai rêvé. Sabrya est allongée,
25 nue près de moi. Nos deux corps sont orientés dans la même direction. Elle se replie en position fœtale. J'imagine la douceur de ses jambes, j'imagine poser la tête dans ses cheveux relevés qui dégagent sa nuque délicate. Je me suis endormi dans ses parfums, dans ce rêve.
30 Elle vivrait avec moi les années qui nous restent, nous aurions plein d'enfants. Cela durerait jusqu'à la fin des temps. Elle

---

7 **aborder qc/qn** *ici :* commencer à parler – 12 **s'emballer pour qc** *fam* s'enthousiasmer pour – 15 **un nonagénaire** personne de 90 ans – 19 **une chape** cape – 21 **une tempe** Schläfe

parlerait à mes enfants, rirait avec Laetitia. Robert-Jean serait un peu amoureux d'elle.

Je l'ai rêvée heureuse avec ce curieux personnage d'un autre monde.

5   Je ferme les yeux au soleil. Dans l'orangé de mes paupières, je la vois m'accompagner. Pas ma compagne, mais ma compagnie que j'aurais le droit d'embrasser derrière les oreilles en lui chuchotant mes rêves tièdes.

Évidemment, il faudrait qu'elle m'aime. Mais ça, on n'y peut
10 rien ; ça vient ou ça ne vient pas. Peut-être que cela ne viendra jamais.

Horizon

Depuis trois jours, je suis couché, je brûle. Trois jours d'orage sur Paris, et pas une goutte d'eau qui ne me soulage. Abdel me rafraîchit le front et les yeux avec un gant de toilette ; j'attends.
5 De temps à autre, il met un gant en éponge imbibé d'eau fraîche replié contre mon cou, à l'endroit où bat l'artère. Je patiente dans cette cadence.

La nuit de samedi, j'ai veillé ; les phares des voitures sur le plafond rythmaient le temps.

10 Le noir s'installe ; les contours s'estompent, le corps flotte dans le ronronnement du lit qui ondule. La brûlure a envahi ce lit sans limites. Je me souviens de la douceur de son corps et des draps. J'ai fermé mes yeux rougis, la gorge serrée, les contractures dérangent le rythme du lit et le chat. Il n'y a plus
15 de larmes pour m'abrutir. Je devine la barre métallique dans mon cou qui relie ce corps naufragé, insupportable, à cette tête qui ne veut plus s'endormir. Ne pas revenir sur le passé ; trouver une image fraîche qui s'imprime derrière mes paupières. Toujours Béatrice. Je tourne la tête du côté où elle aurait dû être.
20 Les oreilles bourdonnent dans le silence ; un battement de cœur est perçu. Pas de sommeil, pas de pose. Je revis les dernières secondes de ma chute, j'aurais dû... Se concentrer sur les enfants. Le reste est une espérance douloureuse ; tenir. Ne pas s'endormir définitivement. Attendre l'infirmière du matin.

25 Dimanche, Abdel m'a réveillé à une heure de l'après-midi. Il pensait que je ne respirais plus.

Un ami que je n'avais pas vu depuis vingt ans s'est invité à déjeuner. Vingt ans, ou hier, c'est pareil.

---

4 **un gant de toilette** Waschlappen – 5 **en (tissu) éponge** aus Frottee – 5 **imbiber** imprégner – 10 **un contour** un bord – 11 **un ronronnement** Schnurren – 11 **onduler** faire de petites vagues – 15 **abrutir qn** jdn abstumpfen – 20 **bourdonner** brummen

Il faut attendre.

L'ami est venu, comme ceux qui sont passés ces trois derniers jours, comme les coups de fil auxquels je n'ai pas répondu.

Il est reparti, après m'avoir retracé ses vingt dernières années
5   sans que je ne dise mot. Il ne savait pas trop quoi dire ; parfois quelques jours de sa vie prenaient d'interminables minutes et il escamotait une année en quelques secondes.

Je reste avec gravité au fond de mon lit.

Marc, le fidèle kiné, est passé aujourd'hui ; je n'ai même pas
10 suivi les mouvements qu'il donnait à ce corps inerte. Il a voulu me faire rire.

Alain de Polignac, le prince ami, m'a raconté la Champagne. Je ne me souviens plus.

Abdel m'a allumé une cigarette. La brûlure dans mes poumons
15 est délicieuse.

La fraîcheur de l'eau du torrent de Vizzavona, au-dessus d'Ajaccio, m'envahit comme lorsque nous nous baignions, petits, ou plus tard, nus, avec Béatrice. La brûlure et la morsure du froid se confondent.

20 J'attends l'obscurité.

Au fil des jours et des semaines, j'ai perdu le fil de la mémoire, le passé s'est aplati. Il est inerte, comme moi.

---

3 **un coup de fil** *fam* appel téléphonique – 4 **retracer qc** raconter qc – 7 **escamoter qc** cacher qc, mettre de côté – 8 **une gravité** sérieux, réserve – 9 **un kiné(sithérapeute)** physiothérapeute – 16 **un torrent** un petit cours d'eau de montagne

Le sémillant, le vibrionnant, l'ambitieux, le gourmand, n'a plus d'envie. C'est ma faute. Je l'ai tuée. J'ai bousillé mes enfants. L'avenir ne peut être que pire. Plus aucune femme ne me prendra dans ses bras. Je suis laid, elle est partie. Débranchez-
5 moi ! Ne me demandez rien, je n'ai plus la force.

Le corps ne réagit plus. 34 °C de température, six de tension. Je lève la tête, je tourne de l'œil. De temps en temps, les infirmières essayent de me doucher. Je sombre alors dans le noir. Je n'ai plus envie de sortir.

10 Je suis couché. L'allergie démange à nouveau mon visage. J'écoute sur ma chaîne les *Variations Goldberg*, trop fortes.

Je termine peut-être ce récit parce qu'une femme est à mes côtés et que j'ai retrouvé mon second souffle. Sa présence me ramène dans le monde des humains.

15 Je dois être hospitalisé. Au réveil, j'ai déjà froid.

---

1 **sémillant** actif – 1 **vibrionnant** *fam* eifrig, geschäftig – 2 **bousiller qc /qn** *fam* casser, détruire – 4 **laid** ≠ beau – 8 **sombrer** se perdre, disparaître – 10 **démanger** jucken

Chants de l'heur

Suite à la mort du chat Fa dièse, la solitude me hante. C'est elle qui obscurcit le plus mon avenir. Enfermé dans la paralysie, les souffrances physiques et morales, maintenu à distance par
5 le regard des autres, comment survivrai-je lorsque mes enfants seront partis, même si, dans mes rêves, je fais partie de leur décor familial ? Déjà aujourd'hui, j'aspire souvent à être isolé dans un établissement spécialisé, à recevoir un traitement contre les douleurs, au détriment de ce qu'il me reste de lucidité.
10

Solitude je vous *haime*. Les questions me harcèlent. C'est alors que j'imagine une vraie résurrection du corps après une superbe mise en scène de ma mort. Toute la famille est là, réunie pour la messe : enfin j'ai rejoint Béatrice, sans souffrances. Je les
15 vois tous défiler, certains avec un pincement au cœur. Sabrya, mirage ; Papa, fidélité ; Maman, tendresse ; Granny, respect. Tante Éliane porte son beau tailleur bleu ciel qui va si bien à ses yeux aujourd'hui rougis par le chagrin.

Pendant la messe, Nicolas et Sophie chantent les mêmes
20 partitions que pour Béatrice. Il y a aussi les pensées bleu tendre de l'ami sur mon cercueil et un immense parterre de fleurs blanches.

Les ténèbres s'illuminent, Béatrice est plus belle que jamais. Je pleure de te retrouver. Tu m'as trop manqué ; tu n'aurais pas
25 dû me laisser ces pages noires. Sabrya, me dis-tu ? Oui, elle était belle, douce et tendre ; elle a été notre amour phœnix pour cette parenthèse terrestre à jamais refermée. Maintenant que je suis cendres, tu vas avoir à partager mes ardeurs de ressuscité. Tu veux commencer tout de suite ? Non, j'ai tellement de choses à
30 te raconter. Tu les connais déjà ? Ah oui, c'est vrai. Allons nous

---

1 **un heur** *vx* un bonheur – 2 **Fa dièse** note de musique ; *ici :* nom du chat – 2 **hanter qn** obséder, troubler – 9 **au détriment de qn/qc** au désavantage – 9 **une lucidité** intelligence et clarté – 11 **haimer** *(mot valise)* aimer et haïr – 17 **un tailleur** *ici :* un ensemble jupe et blazer – 23 **des ténèbres** *fpl litt* nuit, obscurité – 26 **un phœnix** un oiseau mythique – 28 **une ardeur** une chaleur, une force

promener sous les étoiles, nous marcherons fondus l'un dans l'autre. Arrêtons-nous, je voudrais rattraper les baisers qui me manquent. Tu sais, les enfants vont bien.

... Éternité... Étreinte...

1 **fondre** (ver)schmelzen – 4 **une étreinte** Umarmung

LIVRE II
Le Diable gardien

Pater noster

Notre père qui êtes aux cieux
Restez-y
Et nous nous resterons sur la
Terre Qui est quelquefois si jolie...

Pater Noster – Jacques Prévert

Une mauvaise infection pulmonaire empêchait l'oxygène d'irriguer mon cerveau. J'ai zappé. Et comme toujours au réveil de telles absences, la tête se remet en route en délirant ; j'ai fait un détour par le paradis.

Je suis revenu à moi sur un lit d'hôpital – Garches, je crois. « Ah ! Quand même, on revient sur Terre ! » s'exclame Abdel. « Cela fait cinq jours qu'on délire ; même pas marrant ! Vous étiez parti ailleurs. Entre vous et les deux voisines, ça déraille grave ! »

Elles ne tardent pas à se manifester en se crêpant le chignon. L'une est clouée au lit, c'est la plus méchante, l'autre joue la petite fille et vient sans arrêt demander mon secours. Elle n'a pas tous ses esprits et ne comprend pas que je ne me déplace

---

6 **Jacques Prévert** poète et scénariste français – 7 **l'oxygène** *m* Sauerstoff – 10 **un détour** Umweg – 11 **Garches** *commune française en région parisienne* – 15 **dérailler** *fam* délirer – 16 **tarder à faire qc** prendre tout son temps pour faire qc – 16 **se crêper le chignon** *fam* sich in die Haare kriegen – 17 **clouer** *fam* fixer

pas. À elles deux, elles frisent les deux siècles d'existence. « Vous croyez qu'elle va me faire marcher longtemps comme ça ? » je maugrée.

Elle me dit qu'elle a des problèmes pour marcher : « Ça me
5   fatigue !
– Chacun son problème ! »

Aujourd'hui, j'ai pu m'asseoir dans mon fauteuil et voir l'autre femme. J'ai du mal à la distinguer sur ce lit, entouré de barreaux qui l'empêchent d'attraper sa voisine avec des envies de
10   meurtre. Elle n'a pas de visage, juste un crâne dont une partie est défoncée, les cheveux encore abondants. Couchée sur le côté, l'œil rivé sur la porte d'entrée, elle s'exprime dans un langage qu'aucun ne reconnaît. Ma voisine dit que c'est celui du diable. La voix rauque et tendue, une voix inhumaine, ça c'est
15   certain ; elle est nue sur son lit, passe sa folie dans la chambre.

J'essaie d'expliquer à ma voisine qu'il ne faut pas la diaboliser ; derrière toute cette agression, incompréhensible, il doit y avoir un être qui souffre. Mais c'est peine perdue. Tout le service lui tombe dessus. Elle est animale : ses besoins naturels,
20   y compris les plus organiques, elle les fait en hurlant dans une telle fureur qu'il faut une heure pour remettre en état sa chambre. Oui, elle est folle, en tout cas très seule. Et l'autre, au moins quatre-vingt-dix ans, répète : « J'en ai marre, j'ai du mal à marcher, je suis trop fatiguée, qu'est-ce que je fais maintenant
25   monsieur, viens voir monsieur, viens voir, viens deux minutes, deux minutes, viens, viens... »

Elle n'a toujours pas compris que j'étais paralysé ; j'appelle Abdel, qui la renvoie. Parfois, elle glisse sa main sur son visage,

---

1 **friser** *fam ici :* être près de – 3 **maugréer** murren – 8 **un barreau** Gitter – 10 **un meurtre** un crime – 11 **défoncer qc** etw stark beschädigen – 11 **abondant** füllig – 14 **rauque** ≠ clair – 17 **diaboliser qn/qc** etw/jdn verteufeln – 18 **peine perdue** vergebliche Mühe

semble pleurer et rentre dans la chambre : « Qu'est-ce que je vais devenir ? »

Alors elle redevient une petite fille toute seule sans défense ; comment peut-on laisser ces vieillards ainsi ?

5   Abdel, sortez-moi de là !

*

Ils ne m'auront pas cette fois encore ! Cela fait près de vingt ans que je résiste. J'aurai droit au Panthéon des tétras. Je n'ai aucun mérite :

10   – Je suis assez fortuné pour ne pas être placé en institution spécialisée. Comment voulez-vous survivre entouré nuit et jour du désespoir des autres grands invalides, les entendre sangloter, crier, passer sans réagir devant une chambre qu'on aseptise ?
       – Les douleurs me maintiennent en colère ; je ne peux
15   m'endormir dans cet inconfort.
       – Toujours, une femme admirable est présente. Béatrice, que j'abandonne sur la barque définitive qui remonte le fleuve, des compagnes, une Clara, et Khadija sur la côte de l'Orient proche.
20   – Les enfants : mes aînés Laetitia et Robert-Jean, Sabah – « l'aurore » – et notre petite dernière Wijdane – « l'âme profonde ».
       – Abdel, passeur entre la rive du fleuve et la côte de l'océan.

Et j'aime le goût du café le matin au petit déjeuner.

25   Pour mes soixante ans, Khadija a organisé un anniversaire surprise dans notre résidence d'Essaouira. Elle a tout arrangé

8 **le Panthéon** *nationale Grabstätte für berühmte Persönlichkeiten in Paris* – 21 **une aurore** les premières heures du matin – 23 **un passeur** Fährmann – 26 **Essaouira** *petite ville au bord de l'Atlantique au Maroc*

pour que de Marrakech, j'arrive après la centaine d'invités. Mes enfants, ma mère, la tante Éliane, ma belle-mère Lalla Fatima et les siens, Anne-Marie, la famille corse, les amis de France et du Maroc, Yves et Max – les compagnons du parapente – Abdel, Éric
5 et Olivier, les réalisateurs du film *Intouchables*.

Épuisé par le voyage et l'émotion, j'improvise quelques mots pour remercier les présents et nos amis pianistes qui nous combleront d'une merveilleuse soirée musicale.

« Tendre épouse,
10 D'abord une pensée pour ceux qui nous ont quittés : ma chère belle-mère qui avait suivi avec tant de courage sa fille Béatrice, Granny, mon père le Duc parti après avoir fait la connaissance de sa dernière petite-fille Wijdane.
Soixante ans ! J'avais oublié. On n'additionne pas les viandes
15 et les "légumes" – c'est une blague d'Abdel – quarante-deux ans de valide et dix-huit ans de handicap, dont chaque année en vaut sept, comme pour les chiens. Faites vos comptes !
Je remercie Abdel qui m'a aidé dès la sortie de l'hôpital, il y a vingt ans. Très présent au moment de la mort de Béatrice, il m'a
20 accompagné pendant ces années difficiles avec mes enfants, sauvé la vie plusieurs fois, jusqu'à me déposer au Maroc, où j'ai pu ouvrir les yeux sur Khadija.
J'ai retrouvé le goût du bonheur. »

Abdel, c'est le diable gardien qui, après ses errements, est
25 devenu cet improbable aide de vie. Ce *desperado*, hostile à tous, rebelle à tout, est maintenant marié, père de trois enfants. Il a fondé une entreprise où il prend un malin plaisir à mettre en cage des poulets qui trop longtemps l'ont fait courir.

---

8 **combler qn** jdn erfüllen – 15 **une blague** Witz – 24 **un errement** une erreur –
25 **hostile** ≠ aimable – 27 **un malin plaisir** Schadenfreude – 27 **mettre en cage** *fam*
mettre en prison – 28 **un poulet** *ici : fam* un policier

Le mauvais garçon

Il se donne 1 m 70, une force de la nature ; Cassius Clay... en plus petit. « Mohamed Ali ! », corrige Abdel. Les mains comme des marteaux, il vous fracasse un crâne. Sans parler des nombreuses fractures de mandibule et autres. L'adversaire s'effondre sans qu'on ait vu le coup partir. Abdel est juste un peu plus pâle. Ça ne dure pas, il retrouve vite son sourire.

Un visage très carré, une mâchoire importante : il déchire la viande d'un coup de dent, ingurgite trois kilos de mouton ; une véritable machine à broyer. Un menton volontaire, des petits yeux vifs et souriants, toujours en mouvement. La boule à zéro, rasé de près, soigné, bien sapé de vêtements de marque.

Abdel parle peu de son passé de mauvais garçon. Avec les années, je découvre une partie de cette adolescence turbulente.

J'avais remarqué qu'il était capable de piquer un 100 m avec une rapidité fulgurante.

« Vous auriez dû continuer à faire du sport.
– J'en ai plus besoin !
– Et pourquoi donc ?
– Un 100 mètres, c'est très utile quand vous avez les flics au cul !
– ...
– Eh oui ! Il y a toujours une bouche de métro dans les 100 mètres, après vous êtes tranquille !
– Ça ne vous a pas empêché de vous faire gauler ! »

---

4 **un marteau** Hammer – 5 **un mandibule** Unterkiefer – 8 **une mâchoire** Kiefer – 9 **ingurgiter** *fam* manger rapidement – 10 **broyer qc** zerquetschen – 11 **vif** lebhaft – 11 **une boule à zéro** *fam* une tête rasée – 12 **sapé** *fam* habillé – 21 **un flic** *fam* un policier – 22 **un cul** *fam* le derrière – 24 **une bouche (de métro)** Eingang – 26 **se faire gauler** *arg* geschnappt werden

Il m'avait avoué, quelques années après son embauche, avoir fait de la prison.

« Seulement quelques mois, précise-t-il.
– Quelle était donc la bêtise ?
5   – Oh ! Juste une petite bijouterie ! On s'est fait serrer, toute la bande. »

Je devais faire la connaissance de la « bande » lorsque Abdel les recruta pour notre entreprise de location de voitures. Au moins on était sûr qu'ils connaissaient bien la police !

10   Comme il aime provoquer, il n'hésite pas à raconter l'anecdote à mes amis de la haute : « Vous comprenez, les prisons, l'hiver, c'est chauffé, c'est confortable et vous avez la télé ! » Le sujet qu'il préfère en présence de mes amis est le système social français : « Pourquoi voulez-vous que je travaille,
15   j'ai le RMI, les allocations logement, les soins gratuits... Non, c'est bien la France, dit-il. Faut pas que ça change. »

Je peux voir à la tête de mes invités qu'il recrute largement pour les rangs du Front national. Il accentue son côté tricheur, truand. Certains amis, en catimini, s'inquiètent de la présence
20   d'un tel personnage à mes côtés : « Ma grande spécialité, c'est la tombée de camion. Il s'agit, insiste-t-il, de récupérer un camion qui a été volé, de répartir la marchandise entre les membres de l'équipe et de l'écouler *fissa*. On n'accepte pas les chèques ! »

---

5 **une bijouterie** Juweliergeschäft – 5 **se faire serrer** *fam* se faire arrêter – 11 **la °haute** *fam* la haute société – 15 **le RMI** (= Revenu Minimum d'Insertion) aide sociale – 15 **une allocation logement** une aide financière pour l'appartement – 18 **un rang** Reihe – 18 **le Front National** *parti politique française d'extrême-droite* – 18 **tricheur** Betrüger – 19 **truand** bandit – 19 **en catimini** secrètement – 21 **une tombée de camion** une marchandise volée – 23 **fissa** rapidement

Je le soupçonne d'avoir continué cette activité. Je me suis vu proposer plusieurs parfums de marque, téléphones, ordinateurs portables, chaînes hi-fi, téléviseurs, et j'en passe.

« Abdel, vous savez bien que je ne peux pas accepter ce genre
5   de trucs.
– Non, je vous assure, c'est de la bonne qualité ! »
Il m'a offert pour mon anniversaire, emballé dans un paquet cadeau de la Fnac, un superbe juke-box qui contient deux cents CD. Je peux ainsi écouter ma musique classique quatre jours
10   durant. Il me tend le reçu, et malicieux : « En cas de problème pour la garantie » ; un vrai cadeau !

« Abdel, vous n'en avez pas marre d'être toujours hors la loi ; vous fréquentez les maquereaux, les receleurs, les dealers... »
Il m'interrompt :
15   « Attention, moi je ne fais pas dans les filles, ni dans la drogue. C'est contre mes principes religieux. »

Il ne boit pas, il ne fume pas, pour le reste, il a une certaine tolérance.
Il confesse à Mathieu Vadepied, directeur artistique du film
20   *Intouchables*, qui réalise un documentaire sur les protagonistes – acteurs et originaux –, avoir fait dix-huit mois de prison pour vol ; un peu plus sérieux qu'une bijouterie !
Je suis couché depuis plusieurs jours ; Laurence, mon assistante, prend une lettre sous dictée. Deux policiers se
25   présentent dans ma chambre : « Nous voudrions vous poser quelques questions au sujet d'un individu qui a été flashé cette nuit ; le véhicule est inscrit à votre nom dans nos fichiers.
– Mais certainement, mon commandant. »

---

7 **emballer qc** verpacken – 8 **la Fnac** un *grand magasin multimédia* – 12 **hors la loi** vogelfrei – 13 **fréquenter qn** être en contact avec qn – 13 **un maquereau** *fam* Zuhälter – 13 **un receleur** Hehler – 26 **flasher qn** jdn blitzen – 27 **un fichier** *ici :* Kartei

Il me tend une photo d'Abdel dans une de mes jolies voitures.
« Ah oui, je la reconnais. Laurence, voulez-vous bien regarder
dans la cour si la Jaguar bleue est là ? »
Laurence, qui a compris le jeu :
5   « Non monsieur, votre voiture n'est pas là.
– Mais enfin ce n'est pas possible, elle aurait été volée ?
– Je ne sais que vous dire.
– Vous connaissez cet individu ?
– Non. Vous avez une idée de son nom ? Et vous Laurence ? »
10   Laurence se penche, innocente :
« Non monsieur, je vous l'assure. »

La maréchaussée n'est pas dupe, mais devant l'état du tétra,
soufflant sa douleur, la secrétaire en minijupe tirée à quatre
épingles, dans ce décor, ils s'effacent : « Écoutez, si jamais vous
15   avez des nouvelles de votre voiture ou de cet individu, n'hésitez
pas à nous appeler.
– Très bien messieurs ; merci de votre visite. »

Abdel pleure de rire lorsque je lui apprends l'anecdote.

« J'ai été flashé sur les berges à plus de 150 !
20   – Bravo Abdel... Et la voiture ?
– C'est tout ce qui reste, elle a heurté un mur », dit-il en me
tendant les clés.

Il grimace aussi de douleur ; il s'est fracturé le bassin et
portera deux prothèses de hanche, mais il tient debout.

25   Lors de l'émission *Vie privée, vie publique** de Mireille Dumas,
Abdel relate l'anecdote de la voiture. Madame Dumas, ébaudie :

---

*   Émission *Vie privée, vie publique* de Mireille Dumas, janvier 2002.

12 **une maréchaussée** la police – 13 **tiré à quatre épingles** *expression idiomatique* très
chic – 14 **s'effacer** disparaître – 19 **une berge** une rive – 23 **le bassin** Becken – 26 **ébaudi**
amusé

« Dites-moi que ce n'est pas vrai ! » Je confirme à ma grande honte. Abdel en remet une couche : « Il y en a eu beaucoup d'autres ! »

L'étalage était un peu déplacé face à la misère quotidienne des handicapés. Abdel et la nuance !

Abdel et les voitures, c'est un roman en lui-même : il est toujours en excès de vitesse, en sens interdit, collé à la voiture de devant, ne s'arrêtant pas aux feux, les yeux fermés et j'en oublie. Il se surnomme « Ayrton Abdel ».

Un jour nous partons pour Dangu, suivre les travaux d'un corps de bâtiment du XVIIIe siècle que je rénove. Abdel « gère » le chantier. La Rolls-Royce file à près de 200 km/heure sur l'autoroute.

« Elle peut faire mieux, j'en ai encore sous l'accélérateur.

– Abdel, ne collez pas aux voitures devant vous et gardez les yeux ouverts s'il vous plaît !

– Merde il y a des flics au péage, repère-t-il, on leur fait le numéro du Samu ? » dit-il en inclinant mon siège électrique.

Le gendarme demande à Abdel de se ranger sur le bas-côté. Les yeux fermés, je fais mon numéro. « Vous étiez à 205.

– Il y a urgence, Monsieur fait une crise d'hypertension. »

Je gémis dans mon coin. Abdel me soulève la main et la relâche pour souligner la paralysie.

2 **en remettre une couche** *fam* ajouter qc – 4 **un étalage** *ici :* Darstellung – 7 **un excès de vitesse** Geschwindigkeitsüberschreitung – 7 **coller** *fam* rouler juste derrière – 9 **surnommer qn** donner un autre nom à qn – 11 **gérer qc** etw managen – 14 **un accélérateur** Gaspedal – 17 **un péage** Mautstelle – 18 **le Samu** Service d'aide médicale d'urgence – 19 **un bas-côté** un côté de la route – 22 **gémir** se lamenter

« Si on ne débouche pas la tuyauterie dans une minute, il va avoir la tête qui explose », dit-il en pointant ma carte d'invalidité. Hésitation et consultation du collègue. Ils reviennent avec leurs motos, tous feux allumés et nous ouvrent
5 la voie à vive allure vers l'hôpital de Vernon. « Qu'est-ce qu'on rigole », jubile Abdel.

À l'hôpital, un des motards alerte les urgentistes. Abdel installe les coussins anti escarre sur le brancard et me sort de la voiture sous les regards interloqués de la maréchaussée.

10 « Vous n'avez pas un oreiller pour lui maintenir la tête ? » demande-t-il au brancardier. À la chemise blanche : « Il faut lui faire un cathéter sub-pubien, c'est un blocage vésical. »

Il m'administre plusieurs claques sur le visage pour faire revenir le sang. Les gendarmes saluent en se retirant. Pas de
15 réponse d'Abdel qui s'empresse : « Abdel, n'en profitez pas », je marmonne, et plus fort : « Qu'est-ce qui s'est passé Abdel, j'ai mal au crâne ?
    – Ah ! Vous revenez à vous monsieur Pozzo ? C'est rien, ça a dû se débloquer avec le transfert. »
20 Se tournant vers l'infirmier :
    « Pouvez-vous m'ouvrir la portière ? »
    Il me repositionne dans le carrosse.

Pour la petite histoire, nous visiterons ensuite le chantier entrepris par « l'équipe » d'Abdel, dans la superbe écurie du
25 XVIIIe de notre propriété. Les boiseries d'époque avaient été

---

1 **déboucher qc** ouvrir qc – 4 **un feu** *ici :* une lumière de voiture – 6 **jubiler** être très content – 7 **un motard** *ici :* policier en moto – 8 **un coussin** Kissen – 8 **un brancard** Trage – 9 **interloqué** étonné – 10 **un oreiller** Kopfkissen – 12 **sub-pubien** unterhalb des Schambeins – 15 **s'empresser de** se presser – 16 **marmonner** parler bas – 22 **un carrosse** *ici :* une voiture – 23 **un chantier** Baustelle – 24 **une écurie** bâtiment pour les chevaux – 25 **une boiserie** Holztäfelung

découpées et servaient de combustible pour le méchoui installé
dans la grande cheminée – aussi d'époque. Les nouvelles vitres
qui avaient été installées ne résistaient pas aux intempéries
et gondolaient déjà ; un valide ne pouvait se rendre au premier
5 étage sans heurter méchamment sa tête dans l'escalier. « C'est
pas un problème pour vous et pour les autres, y aura toujours
un fauteuil de rab. »

La cuisine n'était pas accessible depuis la salle à manger et
nécessitait un détour par l'extérieur, quant à ma salle de douche,
10 la porte avait été montée à l'envers et ne permettait pas son
accès en fauteuil, et j'en passe ! J'arrêtai immédiatement le
chantier.

Au retour, pour changer : « Abdel, vous dormez, vous êtes trop
près de la voiture devant vous.
15 – Vous inquiétez pas ! »

Et pour la énième fois sur cette même route, Abdel
emboutissait la voiture devant qui avait ralenti.

Je comprends l'air incrédule de Mireille Dumas.

---

1 **un combustible** un matériau qui brûle – 3 **une intempérie** un mauvais temps
(météo) – 4 **gondoler** sich wellen – 7 **de rab** *fam* de plus – 16 **pour la énième fois** zum
x-ten Mal – 17 **emboutir qc** percuter qc – 18 **incrédule** personne qui ne croit pas

Les capucines* de rivière-du-loup

Rien ne va plus. L'hiver parisien s'étire, douloureux. Je ne quitte plus le lit, les rideaux sont tirés.

Mon cousin me propose une retraite à l'embouchure du
5 Saint-Laurent, dans un petit monastère proche de Rivière-du-Loup, tenu par des Capucines.

« En quinze jours d'agapéthérapie, "thérapie par l'amour" en grec, précise mon cousin (Abdel se frotte déjà les mains), l'individu, quelles que soient les blessures et les erreurs de son
10 passé, se libère dans un climat de paix, de discrétion et de partage.
– Abdel, on reste au-dessus de la ceinture s'il vous plaît.
– Va pour les Capucines ! » s'enthousiasme-t-il.

J'ai informé les Capucines de la présence d'un infidèle,
15 indispensable à mon séjour.

Une chaîne de télévision évangéliste canadienne qui fête ses dix ans m'avait invité à intervenir. Elle m'avait déjà interviewé à Paris. L'émission, pas très catholique, fut retransmise plusieurs fois au Canada : l'aristo tétra dans son bel hôtel particulier et
20 son franc-parler passait bien. Je confirme ma présence à leur show dont la date coïncide avec la fin de notre retraite au monastère.

---

* Capucines : religieuses franciscaines observant la règle de sainte Claire.

2 **s'étirer** sich ziehen – 3 **un rideau** Vorhang – 4 **une embouchure** Mündung – 5 **le Saint-Laurent** *fleuve qui traverse les États-Unis et le Canada* – 5 **Rivière-du-Loup** *ville du Québec au Canada* – 8 **se frotter les mains** *fig* être content – 20 **un franc-parler** parler ouvertement – 21 **coïncider avec qc** correspondre à qc

Abdel est chargé de louer une voiture à notre arrivée à Montréal ; il revient avec une grosse Lincoln continentale, limousine aux vitres teintées. Il neige sur Montréal où nous devons passer une nuit. Il propose un dîner sur l'avenue un peu

5 chaude de la ville ; il repère un Kentucky Fried Chicken, s'empiffre de poulet et mate les poules qui défilent sur le trottoir. Je lui interdis de se faire raccompagner à l'hôtel ; il me répond, vexé, qu'il n'a jamais eu besoin de payer pour ses prestations.

Le lendemain, départ aux aurores pour parcourir mille

10 kilomètres à vitesse d'escargot. Il branche le régulateur de vitesse et somnole tout au long de cette autoroute interminable. La route est enneigée et la nuit tombe, Abdel est perdu, incapable de comprendre les indications des autochtones. Enfin, au milieu de nulle part, plongeant sur le fleuve, nous

15 découvrons une longue bâtisse en bois. Nous nous garons, une vieille sœur capucine – tête d'Abdel ! – dont l'ordre a fait vœu de pauvreté – et de chasteté, Abdel ! – nous accueille en bure et sandales dans la neige. Il y a quelques voitures, plus modestes, déjà garées ; la nonne semble surprise par le carrosse et ses

20 occupants.

Il déplie le fauteuil roulant et m'extirpe de mon siège ; moment de panique de la sainte femme lorsque je suis saisi de contractures. La mère supérieure n'a jamais eu affaire à des pèlerins de notre confrérie ; elle annonce les règles strictes à

25 observer : silence, l'étage réservé aux femmes – coup d'œil d'Abdel ! –, horaires. La chambre d'Abdel est surmontée d'un

---

1 **louer qc** etw mieten – 6 **mater qn/qc** *fam* regarder, fixer – 6 **une poule** *fam* une prostituée – 8 **vexer qn** blesser verbalement qn – 8 **une prestation** un service – 11 **somnoler** fermer les yeux, presque dormir – 13 **un autochtone** personne qui parle la langue du pays (*ici :* le franco-canadien) – 16 **un vœu** Gelübde – 17 **une chasteté** Keuschheit – 17 **une bure** une robe en laine marron portée par les religieux – 21 **déplier qc** *ici :* ouvrir qc – 21 **extirper qc** extrahieren – 24 **un pèlerin** Pilger

panneau « Ici réside Dieu ». « Normal », commente Abdel. Ça ne s'annonce pas sous les meilleurs auspices !

Le programme de la journée est spartiate : lever 7 heures (5 h 30 pour nous), extinction des feux 22 h 30.

5   Abdel s'ennuie. Il n'ose pas trop s'éloigner, en cas de défaillance de ma part, ce qui m'arrivera à plusieurs reprises. Le jour il traîne, la nuit il court la gueuse. Ce ne sont pas les interdits et les portes fermées qui lui résisteront.

Nous sommes une cinquantaine de « patients ». Dès la
10 première réunion, je prends conscience que ces hommes et femmes de tous âges sont de grands blessés de la vie. Derrière leur apparence « normale » se cachent des drames qu'ils traînent pour la plupart depuis leur petite enfance : incestes, pédophilie – parfois du fait du curé de leur paroisse –, viols et j'en passe.
15 J'ai vu le troisième âge s'effondrer en pleurs : il leur aura fallu plus de cinquante ans pour avouer leur souffrance. Je suis frappé par la compassion qui règne. Ils ne souffrent pas physiquement, ils souffrent d'exister avec leurs secrets. Nous sommes entre persécutés ; il suffit qu'il y en ait un qui se confesse pour
20 que tous les autres se déballent. Je comprends l'usage de ces dizaines de boîtes de Kleenex disposées à travers la grande salle ; c'est du pain bénit pour les psys.

Allongé sur mon fauteuil inconfortable, recouvert d'un drap blanc dont Abdel a décidé de m'affubler. Je suis le seul à ne pas
25 pleurer sur moi-même. Souffrir de l'absence et des douleurs,

2 **Ça ne s'annonce pas sous les meilleurs auspices !** Das steht unter keinem guten Vorzeichen ! – 4 **une extinction des feux** Zapfenstreich – 7 **courir la gueuse** *vx* sich mit Frauen herumtreiben – 15 **le troisième âge** les personnes âgées – 17 **une compassion** une sensibilité, une empathie – 19 **un persécuté** un martyr – 20 **se déballer** *fam ici :* tout raconter – 22 **un pain bénit** *fam* un cadeau du Ciel – 24 **affubler qn de qc** jdm etw verpassen

c'est de la rigolade en comparaison de toutes ces horreurs enfin exprimées. Impressionnés par la paralysie, le drap blanc, mon silence, les autres n'osent pas m'approcher. Petit à petit ils viendront, surtout les femmes, se confier à moi : je suis
5 disponible, on sait où me trouver (!), j'ai tout mon temps, et j'écoute. Je suis le psychanalyste allongé et la patiente, valide, se penche et s'épanche.

Au repas, pendant cette heure censée être silencieuse, notre table, très prisée, est devenue le lieu de réunion de ces dames ;
10 celles qu'Abdel a fréquentées la nuit, celles que j'ai écoutées. La mère supérieure nous convoque et nous demande de respecter la règle de la méditation. Peine perdue ! Pendant les heures de repos, nous nous retrouvons à une dizaine dans ma chambre et les éclats de rire ont remplacé les prières. Les sœurs ont
15 définitivement baissé les bras et passé par pertes et profits cette session. Abdel semble avoir rendu vie aux jolies dépressives ; je reste en contact avec nombre de ces dames encore aujourd'hui. Je me suis attendri sur une jeune mère de famille qui vivait à Chibougamau, dans les grandes forêts du Nord et en était à sa
20 cinquième session. Son accent, inouï et inuit, ajoute à son charme.

Ces quinze jours m'ont reconnecté.

Au retour nous nous arrêtons dans un immense stade de hockey sur glace, pour retrouver la chaîne de télévision
25 évangeliste. Il y a plus de cinq mille « fidèles ». Ils manifestent bruyamment leur approbation, sifflent sans retenue les intervenants qui les lassent. Un ring de boxe est installé au centre du stade. J'indique à Abdel qu'il doit me faire pivoter

---

7 **s'épancher** parler en ouvrant son cœur à qn – 15 **baisser les bras** se résigner –
18 **s'attendrir sur qn/qc** être sensible au malheur de qn – 19 **Chibougamau** *ville du Québec* – 26 **une approbation** une adhésion, un accord – 26 **siffler** pfeifen – 28 **pivoter** tourner

toutes les cinq minutes : malgré les multiples caméras et écrans géants, je veux m'adresser à chacun d'entre eux.

Le propriétaire de la sainte chaîne et son petit ami, que nous avions reçus à Paris, nous annoncent avec titre et *tutti quanti*.
5 L'entrée théâtrale d'Abdel impose le silence à ces milliers de chahuteurs. Je n'ai rien préparé.

« Je m'adresse tout particulièrement à mes frères de fauteuil, à tous les handicapés, c'est-à-dire à vous tous car nous sommes tous des handicapés de la vie. »

10 Applaudissements nourris, une partie de la salle est debout (sauf les gars en fauteuil bien sûr !). Je leur parle de l'enfant privilégié que j'ai été, de Béatrice, des leçons de la vie. Je préfère les richesses de ma paralysie à celles de ma classe : j'ai l'impression de vivre plus intensément, d'être enfin humain.

15 Abdel a minuté la chorégraphie ; nous avons le droit à une *standing ovation* pendant les cinq minutes que prendra mon évacuation du ring ; de nombreux fauteuils se sont déplacés sur l'allée de sortie pour pouvoir me saluer. Je passe d'interminables minutes à essayer d'embrasser une jolie tétraplégique ; tout a
20 été dit par ses yeux qui pleurent. Nous remercions les organisateurs et nous éclipsons, épuisés, avant de prendre l'avion de retour.

---

4 **tutti quanti** [tutikwāti] *de l'italien* und so weiter – 6 **un chahuteur** un perturbateur –
17 **nombreux** en grand nombre – 21 **s'écliper** *fam ici :* s'en aller rapidement

La petite fille Espérance

Je reviens du Canada sans plus de foi qu'à l'aller, avec la conviction que nous aspirons tous – croyants ou non – à l'Espérance.

5 « Dieu ? », telle est la question qui ne m'obsède pas. Je n'en ai ni le goût, ni la disposition du cœur, de l'âme. La solidarité, la fraternité de notre condition, me feraient partager les rites ou l'appartenance à une communauté, des handicapés, des croyants – pourquoi pas ?

10 La Foi de Béatrice est dans l'éternité ; moi le handicapé, je découvre l'espérance dans nos misères, dans des petits riens de chaque instant qui contiennent en eux un possible mieux.

Combien d'amis en fauteuil ai-je perdu de désespoir ? Un monde sans espérance, c'est l'enfer.

15 *

Un groupe d'amis s'était réuni autour de Béatrice pour lire les Écritures et prier. Nous avons continué après sa mort.

La Bible, c'est pas du gâteau. Le malheur et les souffrances y sont présents à chaque page. Les infirmités, la mort de ses 20 propres enfants, la stérilité, les persécutions des ennemis, l'humiliation sous toutes ses formes, la solitude, l'abandon et l'ingratitude des amis, l'infidélité de l'être aimé, le scandale et la prospérité des méchants, les meurtres, les guerres, voilà le terrain même de l'existence. Dans le Livre de la Révélation*, 25 c'est plus vrai que nature.

---

* Le Livre de la Révélation est l'Apocalypse selon saint Jean.

1 **une espérance** un espoir, une attente – 18 **être du gâteau** *expression idiomatique* facile – 19 **une infirmité** faiblesse, imperfection – 22 **une ingratitude** un égoïsme –

Un de mes amis, qui venait d'hériter d'une fortune faramineuse, m'interroge sur la compatibilité de la richesse et de la morale chrétienne. Abdel intervient :

« Écoutez, si vous ne savez pas quoi en faire, n'hésitez pas, je
5 saurai !

– Et vous Abdel, vous croyez en Dieu ?

– Oui, mais je n'ai plus le temps de pratiquer, je suis pratiquement pratiquant. Je garde la Foi, mes coutumes, mes traditions. La religion, c'est la base de nos valeurs morales, dit-
10 il (quel chemin parcouru !). Je n'aime pas ceux qui pensent à Dieu seulement quand ils en ont besoin. Maintenant, que la religion ne vienne pas m'empêcher quoi que ce soit ; la religion n'a jamais interdit de faire quelque chose, et souvent les gens se cachent derrière elle pour ne pas faire ce qu'ils ont à faire. »

15 Amen !

2 **faramineux** énorme – 8 **une coutume** une habitude, tradition, un usage

Les consolantes

Consoler en latin signifie « maintenir entier » ; je dois mon intégrité aux femmes.

Abdel aime les femmes bien en chair ; après usage, il me les
5   propose avec commentaires et notes. « Ça n'est pas ma tasse de thé, Abdel. »

Je sais de quoi je parle : j'ai consommé, bien malgré moi, un « cadeau » d'Abdel.

La musique occupait la chambre obscure, les névralgies, mon
10   corps. Abdel passe la tête : « J'ai une aspirine pour vous ; il s'efface pour laisser entrer "deux airbags". Bonne nuit... »

Elle s'appelle Aïcha et sans se formaliser me rejoint en tenue d'Ève. Elle s'est lovée dans mon épaule. Nous n'échangerons pas deux mots. Elle est attentionnée et ne semble pas déroutée par
15   mon état. Sa présence me tranquillise. Enfin je m'assoupis.

Une cavalière somptueuse me chevauche et me ramène à l'écurie quelques mois plus tard, éreinté. Une femme abandonnée me materne à l'excès trop longtemps.
Un voisin oisif m'envoie, après avoir lu *Le second souffle*, une
20   courtisane ; Abdel pouffe de rire derrière la porte pendant que la « masseuse » travaille mes oreilles, entre autres.
Les rencontres d'une mulâtre, fille de princesse malienne et de marin suédois, ont accompagné mes nuits blanches. Elle-même se surprenait de mes exigences.

---

5 **ça n'est pas ma tasse de thé** *fam* ça ne me plaît pas – 12 **une tenue d'Ève** nue – 13 **se lover** sich zusammenrollen – 14 **dérouté** désorienté – 16 **chevaucher qn** aller à cheval – 18 **materner qn** être comme une mère avec son enfant – 19 **oisif** ≠ actif – 20 **pouffer de rire** losprusten – 22 **une mulâtre** Mulattin

Une grande walkyrie agitée m'emmène ; elle me propose de la poudre. Elle se détend et chaloupe interminablement, ivre à la dérive. Elle s'endort, recroquevillée.

Et enfin Clara. Elle a connu Béatrice à Larmor-Plage lors de
5 mon hospitalisation en Bretagne. Elle m'appelle à Paris un jour de désespoir. Elle passera la nuit, quinze jours puis deux ans en alternance. J'ai retrouvé dans son innocence toutes les sincérités de mon âme égarée. Elle m'a fait oublier mes appétits désobligeants. Je lui parle tant ; concentrée sur les mots qui
10 s'infiltrent, elle m'interrompt d'un baiser. Je m'enivre à son attention.

Mon abandon séduit sa solitude. Elle retrouve ses rêves d'adolescente ; les années de trahison s'effacent et elle espère à nouveau. Elle s'insinue à travers les annexes mécaniques de ma
15 condition pour se satisfaire des lambeaux de mon apparence. Sa candeur m'émeut et l'abandon de ses sens à mon corps défait instille une reconnaissance triste et apaisée. Bientôt le souffle de sa quiétude mesure ma nuit soulagée.

Je la regarde dans son tailleur bleu roi et des songes amoureux
20 effleurent mon épuisement. Elle m'accompagne dans les allées du parc. Elle ne sait où se positionner autour de ce corps. Je lève la tête pour la dévisager. Elle m'embrasse, les yeux fermés.

Cette nuit, les battements du cœur sur mon cou rythment ses images ; j'ai ressenti nos jeux affaiblis. Cette émergence
25 paresseuse ralentissait nos corps. Elle se déroule comme un nuage. Sa main lente caresse le sein alourdi. Nous nous retrouvons dans son élan maintenu à l'extrême de ma participation attentive. Elle se retient jusqu'à partager ma

---

1 **une walkyrie** Walküre – 2 **la poudre** *ici :* la drogue – 2 **chalouper** danser – 2 **ivre** personne qui a trop bu – 3 **à la dérive** sans orientation, perdu – 9 **désobligeant** blessant, désagréable – 13 **une trahison** Verrat – 14 **s'insinuer** entrer, pénétrer – 15 **un lambeau** Fetzen – 16 **une candeur** une naïveté – 16 **défait** faible, décomposé – 17 **instiller qc** einflößen – 18 **une quiétude** une tranquillité – 20 **effleurer** toucher doucement – 24 **une émergence** une apparition

paralysie ; l'onde imperceptible jusqu'au soupir de ses yeux.
Blottie, enfin apaisée, les lèvres entrouvertes, elle me sourit pour
que je ne pleure pas, murmure des tendresses. Elle accepte mes
contractures comme gage de mes ardeurs. De ce corps déraciné,
5   un code nouveau pour nos amours.

Ses absences me trouvent sans réaction. Je confesse
mon impuissance et j'attends à nouveau. Je n'alimente plus. Je
fatigue d'inutilité.

Je lui écrirai.

10   *

« Clara,
Couché. Je redoute votre silence définitif. Votre beauté aurait
un sens nouveau, non pas appétit mais douce liaison avec nos
jours égarés. J'aspire à cette tranquille continuité.

15   Inventons-nous un avenir plausible. Vous seriez allongée
à mes côtés, nos corps distants, compagne sans effusion,
présence impalpable. Lorsque cette infime distance vous serait
insupportable, vous viendriez poser votre tête sur mon cou ;
peut-être votre corps sur le mien, insensible. Vous fermeriez vos
20   yeux sur cette étreinte froide et vous berceriez à nouveau à vos
sens regrettés.

Comment exiger ce voyage hésitant ? Tristesse de
l'imaginaire.

Recentrez-moi. Je serai docile. »

---

1 **imperceptible** minime – 4 **un gage** une garantie – 4 **déraciner qn/qc** jdn/etw
entwurzeln – 6 **confesser qc** etw beichten – 7 **s'alimenter** manger – 12 **redouter qc**
avoir peur de qc – 16 **une effusion** expression d'un sentiment – 17 **impalpable**
intouchable – 17 **infime** très petit – 20 **bercer** wiegen (→ un berceau) – 24 **docile** ≠
rebelle

Fronts d'acculturation*

Abdel ne veut rien devoir à personne ; je suis conciliant par la force des choses, je dépends des autres. « Ne soyez pas péremptoire ; tout n'est pas blanc ou noir, Abdel, un peu de
5   nuance pour comprendre la réalité. »

Il adore provoquer. Il explique à mon frère, informaticien, qu'il y a une erreur dans son programme ; Abdel ne sait pas ouvrir un ordinateur ! Jubilation du trublion.

Devant un parterre de handicapés, il affirme : « C'est plus
10 facile pour un handicapé de trouver un boulot que pour un Arabe. » Stupéfaction ! « Je rigole, bien sûr ! »

Et toute la salle de pouffer.

La philosophie « abdélienne » : tout est foutu. La mort est une fatalité, le reste, c'est de la comédie. Surtout pas d'engagement
15 politique : « Ça sert à rien ; tous des pourris !
– Et alors les jeunes musulmans qui se font tuer pour la liberté et la justice ?
– Oui mais c'est pas celles de chez vous où tout le monde gruge, les banlieues brûlent, on laisse les vieux crever seuls, il y
20 a du cul partout, chacun pour soi, alors moi, j'essaie d'en tirer le max, je fais ma place et tant pis si ça casse pour les autres. »
Il y a du vrai. Je relance :
« Mais Abdel, vous êtes un parfait exemple de l'Occident ! Le chacun pour soi, ça sert les intérêts du bourgeois. Plus vous ne

---

*   Définition d'« acculturation » (ethnologie) : processus de disparition de la culture d'origine par contact avec une autre culture.

2 **conciliant** prêt à faire des compromis – 4 **péremptoire** énergique – 8 **un trublion** un provocateur – 9 **un parterre** *ici* : un groupe, une assemblée – 11 **une stupéfaction** une grande surprise – 13 **être foutu** *pop* être cassé – 19 **gruger qn** voler – 19 **crever** *fam* mourir – 21 **un max** *fam* un maximum – 24 **un bourgeois** *ici* : Spießer

pensez qu'à vous et pas aux autres et plus vous êtes vulnérable. »

Perplexité d'Abdel !

Abdel s'offusque devant l'art abstrait que je collectionne : « Un
5 luxe de "petits grands bourgeois". S'il faut un interprète pour
qu'on m'explique, c'est qu'il y a un problème. »

Un jour d'exposition de Zao Wou-Ki, je m'extasie devant cette
trace qui restera de l'artiste : « Je peux vous laisser d'autres traces
si vous voulez !
10 – Abdel, vous avez raison, l'art pour l'art, sans engagement,
c'est presque tout l'art contemporain. Mais dans le lot, il y a des
artistes qui touchent, qui rassemblent autour d'eux, qui sont
accessibles ; même à vous, Abdel.
– Accessibles à ce prix-là ? Qu'est-ce qu'ils touchent ! Nous
15 n'avons pas les mêmes valeurs ! »

Un jour que j'organise dans les salons une exposition d'un
jeune artiste, polytechnicien, qui doit confondre algorithme et
art : « Je peux vous faire le même avec un zéro de moins.
– Là Abdel je vous suis, mais sa copine est bien jolie, ça fait la
20 moyenne.
– Chère comme moyenne ! »

Abdel n'écoute pas de musique ; il finira par prendre plaisir à
Mozart et Bach.
Je donne en concert à la maison *La jeune fille et la mort* de
25 Schubert avec le quatuor Psophos, constitué de quatre

---

2 **vulnérable** fragile – 4 **s'offusquer** être choqué – 7 **Zao Wou-Ki** *peintre chinois
moderne, devenu français* – 7 **s'extasier** être enthousiasmé – 11 **un lot** un groupe – 17 **un
polytechnicien** personne qui a étudié à l'École Polytechnique (Grande École
d'ingénieurs)

charmantes interprètes : « C'est pas mal ce truc-là, très XVI^è, dit-il en se réveillant à la fin du concert. »

Un des sujets de confrontation est notre appréciation de la femme qu'Abdel a longtemps diminuée :
5 « Elle bouffe ma liberté, insupportable ! Elle est là pour la fermer.
– Abdel, une femme, ça se respecte.
– Respecte ? Disons que c'est pas à nous de le respecter, mais à elles de se faire respecter. Il y a l'art et la matière, je
10 préfère la matière. Vous c'est le R.O.M.A.N.T.I.S.M.E, je suis pour la carrosserie !
– Abdel, la femme crée le lien dans l'humanité.
– C'est criminel de faire ça à un enfant, dit-il après une hésitation. »
15 Et de rajouter, définitif :
« Dieu ne peut pas être une femme, vous l'imaginez ayant ses règles tous les mois ! Ça fait pas sérieux ! C'est nécessairement un mec ! »

Abdel ne veut surtout pas s'attacher :

20 « Jamais deux fois la même !
– Abdel, il va falloir créer une famille, s'inscrire dans une histoire. »
Ce n'est qu'une fois apaisé et rassuré sur sa place dans la société qu'Abdel a pu fonder une famille.

25   *

« Clara,

Merci pour cette belle lettre pointilliste. Quelle chance vous avez de pouvoir rêver la lumière et les couleurs. Je ne rêve plus,

---

27 **pointilliste** *ici :* très détaillé (→ **le pointillisme** école de peinture)

je n'ai que des espoirs. Souvent les mots se contractent pour ne devenir qu'un son. Je reste les yeux ouverts, Béatrice au-dessus de moi.

Stridence.

5 Pourquoi faut-il que ces moments extrêmes illustrent notre survie ?

Le temps s'est relâché, le corps s'estompe, les phrases flottent dans la poussière lumineuse.

La pianiste effleure ses touches. Je suis avec mes absents ; il
10 faut revenir, maintenir ma tête vers le haut alors que tout me recroqueville. Enfin l'horizontale apaisante, le noir s'installe, habité.

Jusqu'à quand ?

Revoir quelques êtres comme vous, chère Clara. Ces moments
15 éphémères accompagnent mes absences. »

---

4 **une stridence** Schrillheit – 15 **éphémère** ≠ éternel

Rien ne va plus

« Monsieur Pozzo, pourquoi on monte pas une affaire ?

– Dans cet état ? Je ne suis plus dans le circuit et je ne suis pas sûr d'en avoir envie.

5 – J'ai un ami garagiste qui "s'en fait des en or". Tout ça, c'est de la fraîche.

– Ça, Abdel, ça n'est pas du business, c'est de la magouille. Pour réussir, il faut du nouveau et comme nous ne sommes ni l'un ni l'autre ingénieur, il faudrait trouver un service. »

10 Abdel sourit :

« Vous voyez que vous avez encore les réflexes. »

Enfin une insomnie où je cogite sur du concret. Comment proposer quelque chose d'unique, de pertinent, de durable, raisonnable dans mon état, et qui soit dans les cordes

15 d'Abdel ?

Ses connaissances en mécanique se résument à ses nombreux accidents. Un an durant, il a livré des pizzas. Pourquoi ne pas déposer la voiture de location au domicile du client ?

Abdel s'enthousiasme : « La livraison, c'est pas un problème.

20 Il faut couvrir toute la région parisienne, 24 heures sur 24, 7 jours sur 7. J'ai les gars qu'il faut.

– Mais Abdel, il va falloir faire les trois-huit !

– Mes gars ne fonctionnent pas comme ça ! »

Je demande à rencontrer l'équipe : Yacine, 20 ans, un

25 géant débonnaire ; Youssef, même âge, un Noir filiforme du désert algérien ; Djebar, le plus âgé, silencieux ; et enfin Alberto, un Italo-Marocain de 25 ans ; et leur trois pitbulls.

---

2 **monter une affaire** fonder une entreprise – 5 **s'en faire des en or** *vulg* gagner beaucoup d'argent – 6 **une fraîche** *fam* argent – 7 **une magouille** *fam* une affaire illégale – 12 **cogiter sur qc** réfléchir à qc – 14 **être dans les cordes de qn** *fam* dans les compétences de qn – 21 **un gars** *fam* un type – 22 **faire les trois-huit** in drei Schichten arbeiten – 25 **débonnaire** qui a un bon cœur – 25 **filiforme** mince

Après leur départ, je m'informe : « Où avez-vous trouvé ces énergumènes ?

– On a tous fait un peu de taule ensemble. »

Dix mille prospectus sont distribués par l'équipe. Abdel,
5 nommé directeur des opérations, aboie ses instructions. Devant mes réserves, il rétorque que c'est comme ça qu'on gère les employés dans son pays. D'ailleurs ceux-ci ne bronchent pas ; sans doute par crainte de la force de leur patron et sa tendance à l'utiliser avant même d'argumenter.

10 Nous obtenons une superbe demi-page dans *Le Parisien* et sommes submergés d'appels téléphoniques. L'affaire est partie sur les chapeaux de roues ; les choses se gâtent rapidement. Les quatre sbires sont hirsutes ; Abdel ne leur laisse guère le temps de se reposer. Lui-même ne se rase plus.

15 Je suis conduit pour la première fois au bureau. Soudain, notre voiture est bloquée par un véhicule venant de la droite. Abdel s'extirpe et invective le « responsable » de la situation. Celui-ci baisse la vitre et indique qu'il vient de la droite. Première erreur et gigantesque claque. Le type plonge dans la boîte à
20 gants et en sort un immense couteau. Erreur fatale ; Yacine saisit le bougre par le col et l'éjecte vers Abdel qui lui donne un formidable coup de poing. Le malheureux est laissé saignant, affalé sur le volant.

« Vous êtes sûr que tout ceci est nécessaire ?
25 – Avec les abrutis il n'y a pas d'autre solution. »

---

2 **un énergumène** un fou – 3 **une taule** *fam* une prison – 6 **rétorquer** erwidern –
7 **broncher** réagir – 11 **submerger qn** *ici :* jdn überhäufen – 12 **sur les chapeaux de roue**
très vite – 12 **se gâter** devenir pire – 13 **un sbire** Handlanger – 13 **hirsute** struppig –
17 **invectiver qn** disputer qn – 19 **une boîte à gants** Handschuhfach – 23 **affalé**
schlaff – 25 **un abruti** un idiot

« Vous avez mauvaise mine monsieur Pozzo, dit Laurence en m'accueillant. Je ne suis pas sûre que vous résistiez au bureau. » Dès l'entrée, l'odeur est intenable et les molosses déchaînés. Abdel aboie un ordre et les trois fauves se couchent. À droite, un
5 réduit sert de cuisine ; les assiettes sales s'empilent, le thé à la menthe mijote. La standardiste répond, un foulard sur le nez. Les cartons de déménagement ne sont toujours pas vidés, les dossiers jonchent le sol. « Les meubles arrivent demain, explique Abdel.
10 – Ça fait quinze jours qu'ils arrivent demain », rétorque Laurence.

Ce qui devait être mon bureau est le dortoir de l'équipe. Les couvertures sont à même le sol, entre les immondices. Réunion d'urgence et savon pour ces messieurs.

15 Laurence présente les résultats : taux d'utilisation et de réclamation très élevé. Elle en profite pour signaler plusieurs véhicules à la casse.

Je suis fatigué, à bout d'arguments. Sur le trottoir d'en face, je repère une de nos Peugeot 605, le capot enfoncé. « C'est pas un
20 problème, dit Abdel, le garagiste va nous arranger ça avec son expert véreux. »

Une copine me téléphone pour relater son expérience. Un grand gaillard se pointe en jeans et baskets avec près d'une heure de retard ; la voiture est dégueulasse et sans essence et il
25 a le culot de lui demander de le déposer dans Paris !

---

1 **avoir mauvaise mine** avoir l'air malade – 3 **un molosse** *fig* un gros chien – 3 **déchaîné** furieux – 4 **un fauve** un animal sauvage – 5 **un réduit** une petite pièce – 6 **mijoter qc** cuisiner qc *ici :* garder au chaud, à faible température – 13 **des immondices** *fpl* Müll – 14 **un savon** Seife – 15 **un taux** un pourcentage – 17 **la casse** Schrottplatz – 19 **un capot** Motorhaube – 21 **véreux** suspect – 23 **un gaillard** un mec, un homme – 24 **dégueulasse** *fam* sale – 25 **avoir le culot de faire qc** *fam* die Frechheit besitzen etw zu tun

Je suis horrifié et inquiet.

Après avoir fait le point avec Laurence, constaté que 30 % du parc automobile est « en réparation » et subi la litanie de plaintes, j'annonce la fermeture de la société. La plaisanterie aura duré six mois et coûté fort cher.

Un rien inconscient, je propose à Abdel de réfléchir à un projet qui serait plus dans ses cordes. Il ne mettra pas longtemps à revenir avec une proposition : « Il faut acheter à la bougie* des appartements occupés par des locataires, il y a des belles occases.
– Normal puisque les loyers sont bloqués.
– C'est pas un problème. »

Abdel me hisse jusqu'à la salle des ventes. Silence des commissaires et des participants à notre entrée. Au premier appartement qui nous intéresse, j'incline la tête pour signifier mon enchère, comme je le fais à Drouot pour l'acquisition d'œuvres d'art. Devant l'absence de réaction des commissaires, Abdel bondit de son siège en vitupérant et soulevant mon bras, déclenchant des contractures généralisées : « Regardez, il a fait une enchère ! » Gros succès dans la salle.

Nous viendrons plusieurs jours de suite et achèterons cinq appartements dans les quartiers branchés. Abdel « gère » : il envoie ses sbires éjecter les locataires, fait bricoler les mises en état et « remplit » les lieux.

---

* La vente à la bougie, également appelée vente à la chandelle, est une forme d'*adjudication* (Versteigerung) particulière qui consiste à enchérir tant que deux bougies sont allumées.

1 horrifié scandalisé, irrité – **3 subir qc/qn** jdn/etw ertragen – **3 une litanie** suite de prières liturgiques – **10 une occase** *fam* une occasion – **18 vitupérer** protester – **19 déclencher qc** provoquer qc – **23 une mise en état** Instandsetzung

La comptabilité est inexistante, rien ne rentre, je revends.

*

« Clara,

Esquivez ces désarrois, modelez-moi simple et frugal de nos
5   mémoires élaguées. Imposez vos limites à ma dispersion,
encadrez-moi de vos gestes, cernez-moi de vos intentions,
construisez-moi de mes débris. Désintégré, sans épaisseur, que
puis-je vous proposer ?

Comme j'aimerais vos mains sur mon front, votre bouche
10   pour me ressusciter en partie, réduit mais dense.

Chaque jour vos courriers me rendent la liberté, j'aime
retrouver dans vos mots les sensations. Ce corps atone me
refuse les instants passés, répertorions les moments présents.

Additionnons les lendemains pour nous composer un
15   passé et nous aurons une mémoire commune, un horizon
nouveau. »

---

1 **une comptabilité** Buchhaltung – 4 **esquiver qc** éviter qc – 4 **frugal** simple – 5 **élaguer**
qc réduire, couper qc – 6 **cerner qn/qc** jdn/etw umstellen, umzingeln – 7 **un débris** un
fragment – 13 **répertorier** inscrire dans un répertoire

Un monde en gésine*

Les valeurs de la chrétienté – l'altérité, la méditation, la frugalité – ont longtemps été celles de l'Occident.

L'humanisme en est l'héritier. L'Occident marchand et
5 financier les a oubliées. Elles se sont réfugiées auprès des plus miséreux.

Les six Commandements du tétra :

– Le handicap, c'est l'absence non du corps mais de l'autre. Découvre-le.
10 – Le silence libère. Tais-toi.
– Hors de la douleur, reste juste le temps pour l'essentiel. Ne te disperse pas dans le futile.
– Tu n'es pas seul. Découvre la Consolation.
– La paralysie suscite la patience. Attends !
15 – Que nous sommes fragiles ! Sois fraternel, solidaire et simple.

L'unique Commandement de l'Occident marchand :

– Le polysensualisme** s'exacerbe. Toujours plus Moi.

Un excès d'orgies, de paradis, de frénésies, de bruits et
20 d'oublis.

L'accident m'a fait découvrir l'heureuse barbarie : la misère de la solitude, les chômeurs qui s'estropient, l'absence de

* Mise bas des animaux.
** Polysensualisme : culte du corps, recherche du confort, multiplication des sensations.

2 une altérité une différence – **6 miséreux** pauvre, misérable – **7 un Commandement** Gebot – **10 se taire** ne pas parler – **12 le futile** ≠ l'important – **18 s'exacerber** s'intensifier – **19 une frénésie** une violence, fureur (→ frénétique) – **22 un chômeur** personne sans travail

perspectives pour les jeunes, l'accumulation des richesses... J'ai perçu le durcissement d'un système devenu financier, le temps rétréci qui se mondialise, détruisant les protections sociales et familiales.

5   Dans les cours que je donne en classes préparatoires aux écoles de commerce – Abdel y dort –, le message passe bien :

       – Vous créez mieux la richesse en respectant les valeurs naturelles au handicapé. Cherchez bien, elles sont aussi les vôtres.
10   – Ils ne peuvent continuellement s'approprier les richesses. (Toujours plus de profits non répartis tuent la demande : c'est du sabordage.) L'accord n'est valable que si les deux parties sont gagnantes ; les fruits de l'entreprise sont partagés, les richesses de la nation redistribuées auprès des nécessiteux.
15   – Face aux puissances d'argent, n'acceptez pas l'atomisation ; constituez-vous en partis, syndicats, associations... Respectez la rigueur des chiffres.
       – Obtenez justice contre les pouvoirs opaques et sans foi ni loi pour clamer la réalité et rétablir le droit.
20   – Utilisez les nouvelles technologies de l'information pour interpeller.
       – La mondialisation n'est pas celle du capital mais des instances citoyennes.

       Debout les invalides !

25   *

---

10 **s'approprier** devenir propriétaire de qc – 12 **un sabordage** *ici :* sabotage – 14 **un nécessiteux** un pauvre – 15 **une atomisation** Zersplitterung – 17 **une rigueur** une rigidité – 18 **opaque** ≠ transparent – 18 **sans foi ni loi** ohne Glauben und Moral – 21 **interpeller qn** *ici :* attirer l'attention de qn – 22 **une mondialisation** une globalisation

« Clara

Je n'ai plus livré mon âme à la beauté du monde. Mes chairs
sont en décombre. Je me suis perdu sur le chemin de ma ferveur
première à mon abandon d'aujourd'hui. Je suis indifférent à
5 tout. Retrouvons cette source que je pressens fraîche à vos
côtés.

Je revendique auprès de vous ces rêves. Prêtez-les-moi ; je
vous offrirai mon identité discontinue. J'aspire à recommencer,
abolir le temps épais de la souffrance et de la démission.

10 Si vous m'ébauchez, nous pourrons continuer en
transparence. »

---

3 **des décombres** *mpl* des ruines − 3 **une ferveur** une passion − 7 **revendiquer qc** exiger
qc − 7 **prêter qc à qn** etw an jdn verleihen − 9 **abolir qc** réduire qc, mettre fin à qc −
9 **épais** *ici :* dense − 10 **ébaucher qn/qc** jdn/etw skizzieren

Le parrain généreux

Il pleut sur Paris depuis des semaines ; je reste couché, brûlé, abrasif, découragé par le silence.

« Vous savez qu'après-demain c'est l'anniversaire de votre
5 filleul, l'Amerloque. Il va avoir 18 ans, précise Abdel, il faut faire quelque chose.
– Abdel, s'il vous plaît, occupez-vous-en. »

John est le fils de très bons amis que nous avions connus avec Béatrice à Chicago. Je l'héberge pour son année sabbatique à
10 Paris.

Le lendemain : « Tout est organisé et j'ai prévu un spectacle de danse du ventre. »
Je suis un peu inquiet, Abdel me rassure.

Le soir de la fête, il m'habille de mon smoking, nœud papillon,
15 pochette blanche. Je suis allongé sur le fauteuil électrique. Les ados, rameutés par les enfants de la famille, sont sur leur trente et un. Que du beau monde. Le champagne coule à flots, les petits-fours circulent, une sono hurle.
Je m'adresse à la centaine d'invités. Abdel offre le cadeau, une
20 caméra numérique. Applaudissements. « Je vous demande maintenant de vous asseoir tous contre les murs ; Abdel a eu la gentillesse de nous préparer un spectacle. »

Celui-ci lance une musique orientale. Grand prêtre, il ouvre les deux battants du salon voisin. Rien ne se produit ; il

---

1 **un parrain** Patenonkel – 3 **abrasif** schleifend – 5 **un filleul** enfant qui a un parrain – 5 **un Amerloque** *fam* un Américain – 14 **un nœud papillon** Fliege – 15 **une pochette** Einstecktuch – 16 **rameuter qn** rassembler qn – 16 **être sur on trente et un** *expression idiom*atique être très élégant – 24 **un battant** (de porte) Flügeltür

augmente le volume. Arrive en coup de vent, non pas une danseuse du ventre, mais une somptueuse créature, certes orientale, entièrement nue. Stupéfaction, cris d'horreur dans la salle.

5   Elle se pose devant moi ; ni chaud ni froid ; même pas envie de rire. Elle a compris que j'étais le patron et se déhanche recto verso. Je lui signifie que c'est l'anniversaire de mon voisin. Elle s'assoit sur ses genoux ; il résiste trente secondes puis bondit de son siège en l'éjectant d'une bordée d'injures américaines. C'est
10 le signal qu'attendent les autres pour hurler. Les garçons s'enfuient dans le froid du jardin et les filles, plus tièdes, jacassent.

    « Uncle, c'est très gentil votre fête. Heureusement mes parents ne sont pas là. Ce n'est pas la peine de leur envoyer des photos
15 de la soirée. » Il m'embrasse avec affection et rejoint la troupe. Abdel me ramène dans mes appartements. Je croise la « charmante », habillée de son manteau de fourrure, et escortée de son « manager », un vrai maquereau.

    « Abdel, il me semblait vous avoir demandé quelque chose de
20 bon goût.
    – Mais c'est pas une pute.
    – Vous expliquerez ça à John ; en attendant, merci pour votre aide et couchez-moi. »

    Je réclame une suite de Bach pour violoncelle.

---

6 **se déhancher** *ici :* danser avec les fesses, les hanches – 6 **recto verso** devant et derrière – 9 **une bordée d'injures** *fam* Schwall von Beleidigungen – 12 **jacasser** *fam* schnattern – 17 **une fourrure** Pelz

J'ai le pétard bavard

Cette nuit, c'est pire. Le « cadeau » d'Abdel a choqué la galerie et ne m'a pas remis debout. Je gémis, Abdel réagit à l'interphone : « Ça va pas ? »

5　Je râle de découragement. Il m'habille, me pousse sur mon « baise-en-ville »*, au milieu de la nuit, jusqu'à Saint-Germain-des-Prés. Il s'arrête devant chez Castel : « Ah non Abdel, pas chez ces cons.
　　– C'est rien, j'ai une course à faire. »

10　À l'entrée, des pochtrons sapés. Abdel s'adresse à eux, me pointant du menton. Un mal rasé sort un paquet de cigarettes, en allume une et la tend. Abdel revient avec un grand sourire : « Tenez, fumez ça d'un coup !
　　– C'est dégueulasse, il ne peut même pas se payer une
15　cigarette normale », je marmonne.

Abdel m'installe aux Deux Magots, la tête me tourne.

« C'était quoi cette saloperie ?
　　– Un peu de shit ça peut pas faire de mal.
　　– Enfin Abdel, j'ai jamais touché à cette merde. T'aurais pu
20　me demander.
　　– Ah ça commence à faire son effet !
　　– Abdel, t'as pas assuré avec John. Ça se respecte un jeune, une femme aussi.

---

*　Baise-en-ville : petite valise qui peut contenir ce qu'il faut pour passer la nuit hors de chez soi ; c'est ainsi que j'appelle mon fauteuil manuel, facilement pliable dans le coffre d'une voiture.

1 **un pétard** *fam* un joint – 5 **râler** *fam* motzen – 7 **chez Castel** *célèbre club privé-restaurant gastronomique* – 10 **un pochtron** un alcoolique – 16 **les Deux Magots** *célèbre café littéraire à Paris* – 17 **une saloperie** *fam* Dreck

– Mais c'était une blague.

– 18 ans c'est pas une blague, c'est tendre un gamin. Tu l'aurais pas fait pour ton gosse. »

Je suis parti sur ma lancée. Abdel laisse passer.

« D'accord dans cette société, c'est que de la baise, mais ces jeunes, pourtant ils sont pas contre, ce sont des amoureux. La femme, c'est privé, c'est pas de la marchandise étalée. Ça s'admire et ça dure...

– Dur. Là je suis d'accord, pas vous ?

– ... quand t'auras une famille, tu te battras pour eux, tu leur feras passer ce que tu crois bien, et surtout, surtout, la beauté. Abdel, pas la beauté des airbags, la beauté de la famille, du lien, d'être grand...

– Vous voulez dire long ?

– ... généreux avec les plus faibles, des amis sur qui on peut compter, enfin tout ce qui n'est pas vulgaire, pas ta pétasse. Tu verras dans quelques années, tu aligneras les gars parce qu'ils reluquent ta meuf.

– Pari ? Tope là. »

*

« Clara,

J'aimerais que vous répondiez à mes fragments épars, confronter mes absences à votre réalité. Fournissez-moi votre respiration pour que cette mémoire droguée esquisse un chemin. Peut-être m'aiderez-vous à trouver le fil. Si au moins je pouvais reprendre l'odyssée.

---

3 **un gosse** *fam* un enfant – 5 **la baise** *fam* le sexe – 16 **une pétasse** *vulg* une prostituée – 18 **reluquer qn/qc** *fam* regarder – 18 **une meuf** *verlan* une femme – 19 **Pari ?** Wollen wir wetten ? – 19 **toper qc** donner un coup avec la main – 22 **épars** incomplet

Donnez-moi une aspiration ! Confrontez-moi dans vos
réponses, aidez-moi. Depuis sa mort, j'ai abandonné. Si je
pouvais éprouver à travers le labyrinthe obscur des douleurs et
des légèretés truquées la faible étincelle d'une nouvelle vie.

5   Découvrirons-nous sous l'épaisse cendre d'une longue nuit
la même âme troublée ? Ou le foyer reprendra-t-il ailleurs,
éclairant d'une chaude lueur les jours qui restent ? »

---

4 **truqué** faux – 4 **une étincelle** Funken – 6 **un foyer** *ici :* un feu

Chauds les Maroc

Laetitia me recommande de passer les six mauvais mois de
Paris sous des cieux plus cléments. Abdel propose Marrakech,
le climat y est sec en hiver.

5   Il a tout « organisé ». À l'arrivée, une superbe Mitsubishi est
mise à notre disposition par un de ses amis, roi du poulet
marocain. Par contre l'appartement pressenti s'est volatilisé.
« Pas de problème, j'ai une adresse. »

Nous nous frayons un chemin sur la place Jemaa el Fna. Il me
10 pousse sur les pavés inconfortables et, dans une impasse, frappe
à la porte d'une bâtisse anonyme. Une « blonde » nous accueille
dans son riad ; nous avons le droit à mille courbettes : elle nous
a vus à la télévision la veille*. Je suis installé dans une grande
chambre car j'ai besoin de me reposer après le voyage. Abdel y
15 fait mettre du chauffage.

Il est parti décharger la voiture. Une heure plus tard, il n'est
toujours pas revenu.

« Abdel, où en êtes-vous ? » je lui demande au téléphone.
« C'est rien, juste un petit problème à régler, j'arrive. »

20   Réponse standard d'Abdel lorsqu'il est dans la mouise. Une
demi-heure plus tard, il m'appelle pour me dire qu'il est chez
les flics.

---

*   Rediffusion de *À la vie, à la mort*, produit par Mireille Dumas.

3 **clément** doux – 7 **se volatiliser** sich in Luft auflösen – 9 **se frayer un chemin** sich
einen Weg bahnen – 9 **la place Jemaa el Fna** *grande place de Marrakech, lieu très
touristique* – 10 **un pavé** pierre qui recouvre une rue – 10 **une impasse** Sackgasse –
12 **un riad** mot arabe pour une villa – 12 **une courbette** petite révérence – 20 **être dans
la mouise** *pop* être dans une situation difficile

Quand il revient, il m'explique que le gardien du parking l'a insulté et la dispute a fini en baguarre. Au poste de police, il a filé 500 dirhams au commissaire et l'autre s'est retrouvé en taule pour 15 jours.

5 En attendant de trouver un logement aménagé, nous avions décidé de visiter le pays. La traversée de l'Atlas enneigé est épique.

Après Ouarzazate, nous longeons la paisible oasis du Drâa. Abdel s'amuse dans les dunes du désert. Bien sûr, il s'ensable. Il
10 faudra l'aide de trois chameliers et de leurs bêtes pour nous dégager. « On s'éclate, non ? » commente Abdel.

Nous remontons vers Fez, la superbe décatie, poussons jusqu'à la Méditerranée sur la frontière algérienne, Saïdia et sa grande plage. Abdel nous installe dans l'unique hôtel qui ait une
15 chambre chauffée. On accède par l'extérieur de l'hôtel à un comptoir à alcool : bagarres assurées pour toute la nuit. Abdel n'est pas en reste.

Grand sourire à la réceptionniste : « Abdel, je vois que vous n'avez pas chômé.

20 – Ah non ! C'est pas le genre de la maison », rétorque-t-il offusqué.

Nous déjeunons dans une paillote sur la plage. « L'été, il y a près de 200 000 MRE – Marocains Résidant à l'Étranger,

---

3 **un dirham** monnaie marocaine – 6 **l'Atlas** *massif montagneux au Maroc, en Algérie et Tunisie* – 8 **Ouarzazate** *ville du sud du Maroc (la porte du désert)* – 8 **le Drâa** *le plus long fleuve du Maroc* – 9 **s'ensabler** rester bloqué dans le sable – 10 **un chamelier** *personne qui s'occupe d'un chameau* – 12 **Fez** *ville au nord du Maroc* – 12 **décati** qui a perdu sa jeunesse, vieilli – 13 **Saïda** *ville située au nord-est du Maroc, à la frontière algérienne* – 16 **un comptoir** Theke – 19 **chômer** arrêter de travailler – 22 **une paillote** Strohhütte

précise-t-il – qui descendent bourrés de cash dans leurs belles BM ou Mercedes, et toutes ces gargotes font un fric pas possible ! »

Je sens le bougre en train de compter ses billets.

5   Nous aurons l'occasion de revenir quatre fois à Saïdia, rencontrer le grand Wali*, les caïds, les banquiers, et surtout la belle réceptionniste ! Amal deviendra l'épouse d'Abdel. À ce jour ils ont trois enfants.

Retour à Marrakech où nous prenons nos quartiers d'hiver.

10   *

« Clara,

Dans cette belle ville les douleurs se sont réfugiées. J'avais survécu drogué. J'ai flotté, l'esprit à l'unisson de ce corps largué. Les volutes de hachisch éteignaient tous les manques.
15   Au jardin, les palmiers inclinent mollement à la brise de l'hiver doux. L'air est cristallin ; j'aime inspirer cette fraîcheur dans mes poumons défoncés. Dans ma mémoire calcinée une lueur est apparue. J'ai fixé longtemps un désert de dunes chaudes. Une palpitation me parcourt comme le sable frémit.
20   J'ai plongé dans cette nouvelle torpeur.

Je suis installé à la terrasse du café. Tout se brouille. Parfois les yeux s'obscurcissent et je disparais quelques instants. Je reviens sur un visage. Les belles jeunes femmes passent devant

---

*   Wali : préfet.

1 **bourrer qc** remplir qc – 2 **une BM** une BMW – 2 **une gargote** un bistrot-restaurant pas cher – 6 **un caïd** *fam* un chef – 13 **une unisson** une harmonie – 13 **largué** *ici :* perdu – 14 **une volute** une spirale – 16 **cristallin** → le cristal – 17 **calciner qc** brûler qc – 19 **une palpitation** Herzklopfen – 21 **se brouiller** se troubler

moi, étonnées et un peu inquiètes. Je m'efforce de les retenir par un sourire. Je vous vois parmi elles, je vous souris aussi. Je me laisse dériver. L'inconstance de ma réalité me ravit. Dans ces moments ambivalents, l'instant s'efface. Les lointains
5 se raccourcissent, les présents s'étirent ; les rythmes se confondent, gigantesques ou éphémères. Confusion enivrante. Nous nous croisons dans les nuées. Je m'assoupis au soleil. Je ne distingue plus le simultané de la séquence. Je suis approximatif. Ce n'est pas une folie, tout au plus un relâchement. La faible
10 tension efface mes empreintes ; peut-être est-ce cela enfin la liberté. Je suis libre, je ne suis plus. Les limbes doivent être cette carence. Les Parfaits. »

---

3 **ravir qn** charmer qn – 8 **approximatif** vague – 10 **une empreinte** une marque – 11 **les limbes** m*pl* Vorhof des Paradies – 12 **une carence** un état de manque

La ville en roses

Savez-vous qu'à Marrakech le temps n'existe presque plus ;
une rencontre du hasard décide de l'instant. Dieu décidera pour
tout à l'heure. Pourquoi rechercher nos secondes pressées ? Les
5 petits riens scandent le temps inégal.

*

Les grappes de bougainvilliers joufflues, la cascade écarlate
des rosiers grimpants, le chuchotement de la fontaine de zellige
ocre, l'ombre frissonnante des oliviers, enchanteraient mon
10 quotidien.

Il n'y aurait enfin plus de révolte.

*

Toujours je me sens aimer. L'élan vers l'inconnue me ravit de
la tristesse. La magie de la femme me soulage.

15   *

Ce matin j'ai le cœur léger. J'ai envie de partir. Je suis neuf. La
belle mosquée de la Koutoubia me domine. Des tourbillons de
poussière s'élèvent. L'étreinte des chagrins se desserre. Je
participe à la prière de l'imam. Les fidèles, trop nombreux,
20 s'agenouillent sur la chaussée. Les mendiantes accroupies
tendent leurs mains, chacune dans son incantation. Je suis des
yeux le cireur de chaussures qui s'annonce du bruit de sa boîte.
Un conteur fripé à la barbe blanche obtient un attroupement.

---

5 **scander qc** rythmer qc – 7 **une grappe** Traube – 7 **un bougainvillier** une plante
subtropicale à fleurs – 7 **joufflu** *ici :* gonflé – 7 **écarlate** rouge – 8 **le zellige** emaillierte
Terrakotta; Kachelkunst – 17 **Koutoubia** *mosquée à Marrakech* 20 **s'agenouiller** se
mettre à genoux – 21 **une incantation** une parole magique – 22 **un cireur** personne qui
nettoie les chaussures – 23 **fripé** zerknittert

Une dizaine de vieillards aveugles psalmodient à l'unisson leur quête, les yeux chavirés au ciel. Les gnaouas en transe renient avec véhémence leur antique servitude, le pompon de leur taguia* révolté dans l'arythmie. Les charmeurs de pythons sont
5 dans la même cadence.

Les moineaux tournoient avec les pigeons dans la poussière et la fumée des échoppes de grillades. Les vendeurs d'eau étirent le filet et les clochettes agitées de leurs larges chapeaux rouges frappent l'air vibrant. Je me sens bien dans cette multitude
10 anonyme. Je suis dans la danse sans remords. S'incruster dans l'instant pour être dans le désordre composé, participer aux regards sans histoire, se laisser dériver à la houle, vide de toute gravité ; être au diapason de toutes les indifférences. Il faut tronçonner le temps sans échelle, abandonner la seconde
15 immédiate pour plonger dans la nouvelle sans regret ni attente, s'émerveiller de la répétition. J'existe enfin sans mouvement, figé dans une mesure étrangère ; j'ai effacé toutes mémoires, je n'ai jamais été, je ne serai jamais plus, je suis, dense à l'instantané.

20 Une Néfertiti flotte sur la place, déesse de l'impossible ; les femmes se voilent, les hommes pleurent.

*

Derrière mes paupières, pour la première fois dans ma mémoire vierge, une lueur est apparue. J'ai fixé longtemps un

---

* Taguia : coiffe du Gnaoua, membre d'une confrérie religieuse du Sud maghrébin ; descendant des esclaves noirs africains. Ils pratiquent un rite de possession syncrétique.

1 **psalmodier qc** chanter en récitant qc – 2 **chaviré** verdreht – 2 **un gnaoua** une minorité ethnique et religieuse au Maroc – 2 **renier qc** etwas verleugnen – 6 **un moineau** Spatz – 6 **un piegon** Taube – 7 **une échoppe** une boutique – 10 **s'incruster dans qc** sich in etw festsetzen – 14 **tronçonner qc** couper en morceaux – 20 **Néfertiti** *reine d'Egypte célèbre pour sa beauté*

désert de dunes chaudes. J'ai plongé dans cette nouvelle torpeur. Et j'ai vu, je l'ai vue. Pas vous.

*

« Clara,

5   Une enveloppe de ta belle écriture est arrivée. Ne m'en voulez plus. »

---

5 **une enveloppe** Umschlag

Lalla Khadija

Je l'ai vue alors que la foule se dispersait sous les trombes du ciel. Elle flotte sur la place entre les calèches abandonnées.

Le hennissement des montures en déroute couvre parfois les nuées. L'allée des palmiers s'incline à son passage nonchalant. Elle semble glisser, menue, indifférente à la tourmente. Les fanions du palais royal claquent. Un rayon l'a inondée. Une enfant a tendu la main et elles ont disparu.

Quelques personnes se risquent sur la place ; un aveugle reprend sa litanie. Un marchand d'eau maudit l'ondée. J'ai dû rêver l'instant improbable. Dans le présent s'est immiscée une grâce. Depuis, j'attends son retour.

*

Les fièvres et les brûlures m'effacent. Un ami s'est inquiété de mon silence reclus et m'invite dans son riad. Je traîne allongé près de la fontaine du patio. De longs doigts frais ont caressé mon visage ; une mélopée m'absente. La belle à l'enfant remontait l'allée des chevaux cabrés. Son sourire enfin dévoilé, elle s'appelle Khadija, ses yeux sont noirs. La petite main de sa fille Sabah repose sur mes doigts. Je lui souris. Bonjour, je suis le parrain.

Fille d'Égypte et du Soudan, elle a hérité son profil incliné des bas-reliefs antiques. Elle a recueilli Sabah sur les rives du fleuve. Elle tissait de ses longues mains le sabra du désert lorsqu'elle fut enlevée par un roi almoravide qui mourut sur les murailles de Marrakech.

---

2 **se disperser** sich verteilen (→ une dispersion) – 2 **une trombe** une violente pluie – 3 **une calèche** voiture tirée par des chevaux – 4 **un °hennissement** Wiehern – 4 **une monture** animal sur lequel on monte (cheval, âne,…) – 4 **une déroute** une débâcle – 5 **une nuée** Menschenschwarm – 7 **un fanion** un petit drapeau – 10 **maudire qn/qc** jdn/ etw verfluchen – 10 **une ondée** une courte pluie – 11 **s'immiscer dans qc** participer de manière indiscrète à qc – 12 **une grâce** Gnade, Anmut – 15 **reclus** isolé – 17 **une mélopée** un chant – 18 **cabrer** aufbäumen – 24 **tisser qc** weben – 24 **un sabra** pflanzliche Seide aus Aloe Vera – 25 **almoravide** une dynastie berbère

La belle du désert et l'enfant du fleuve sont tous les jours à mon chevet. Je raconte des histoires aux yeux noirs étonnés. Elle ne me comprend pas mais sourit ; Khadija l'oriente par un mot. Je demande à Sabah de chanter quelque chanson. Parfois je reconnais une comptine française et marmonne avec elle les paroles qui me restent. Sabah rit. De retour de l'école, elle me montre son cahier d'écriture, en khat arabi* et en lettres latines. Je la félicite pour son application. Un jour, elle m'a demandé quand je guérirai. « Cela prendra du temps, tu pourras m'aider. » Khadija l'installe à une table pour dessiner. Elle me prend la main, au début elle ne dit rien.

Khadija pose, délicate, sa tête au creux de mon épaule douloureuse. Sa main légère effleure ma joue. J'embrasse son front et ferme les yeux sur son parfum citronné. Elle s'est endormie. Je veille sur elle, ému de tant d'abandon. Un rayon de soleil lui ouvre les yeux ; elle me sourit et se resserre à mes côtés. Nous sommes restés, fragiles dans nos espoirs. Elle m'embrasse avec tendresse.

Nous sommes partis sur les bords du lac Lalla Takerkoust. Les neiges éternelles le cernent. Sabah se baigne ; nous dérivons ; des barques de pêche paressent au loin. Quelques mouettes volent encore. Dieu stagne. J'ai effacé Clara ; Béatrice est lumineuse. Khadija m'entraîne d'une main ferme dans les eaux fraîches.

J'ai trouvé au pied de l'Atlas une oasis d'oliviers centenaires. J'y construirai une demeure en pisé pour vous y accueillir. Nous donnerions des cours aux enfants dépenaillés du douar** voisin.

Elles sont devenues les compagnes.

---

*   Khat arabi : calligraphie arabe.
**   un douar : village

5 une comptine une chanson en rimes pour les enfants – 8 **une application** un travail très bien fait – 19 **Lalla Takekoust** *nom d'un lac près de Marrakech* – 21 **une mouette** Möwe – 25 **centenaire** âgé de cent ans – 26 **une demeure** une habitation – 26 **en pisé** aus Lehm – 27 **dépenaillé** mal habillé

L'Odysée

Wijdane est suspendue à mon harnais de parapente. La voile
– la même que j'avais il y a vingt ans, bleu ciel et jaune soleil – est
déployée derrière moi sur le parvis du château de la Punta. La
5   brise chaude remonte du golfe d'Ajaccio.

« On y va ma fille ? »
Khadija est sur le côté :
« Faites attention !
– Pas de problème », je réponds très « abdélien ».

10 Je m'élance, la voile se gonfle sur nos têtes, un léger coup de
frein et nous voilà partis. « Wijdane ! Regarde la buse sur la
gauche comme elle monte ! On fait la course ? »

J'incline la voile. En contrebas, Béatrice est sur le perron dans
sa robe blanche, transparente, son chapeau de paille au ruban
15 fuchsia. Elle m'a accompagné ainsi pendant toutes ces années
d'absence. À son bras, un panier de roses du jardin. Laetitia
pousse le landau de son dernier-né, protégé d'une ombrelle.
Sabah ne lève pas la tête de son livre. Robert-Jean se penche sur
sa fiancée, à l'abri des châtaigniers en fleurs. En contrebas, la
20 tour et la chapelle mortuaire.

Nous tournoyons dans l'ascendant. Wijdane rit aux éclats.

« Ma fille, c'est fou la vie !
...
C'est si bon la vie ! »
25   Essaouira, août 2011.

---

2 **un °harnais** Sicherheitsgurt – 4 **un parvis** une place devant un bâtiment – 10 **se
gonfler** se remplir d'air – 13 **un perron** un escalier devant une maison – 15 **fuchsia**
pink – 17 **un landau** Kinderwagen – 17 **une ombrelle** un petit parasol – 19 **un
châtaignier** Kastanie – 20 **une chapelle mortuaire** chapelle du cimetière

Si vous souhaitez joindre l'auteur,
voici son adresse électronique :
pozzo51@hotmail.com

Liste des abréviations

≠	antonyme de
→	mot de la même famille
°	h aspiré (pas de liaison : *le/la* devant un substantif, *je* devant un verbe)
[']	h aspiré (pas de liaison : *le/la* devant un substantif, *je* devant un verbe)
etw	etwas
f	féminin
fam	familier
fpl	féminin pluriel
inv	invariable
iron	ironique
jdm	jemandem
jdn	jemanden
jds	jemandes
m	masculin
méd	terme de médecine
mpl	masculin pluriel
pop	populaire
qc	quelque chose
qn	quelqu'un
vulg	vulgaire
vx	emploi vieilli